# LANGENSCHEIDTS
# VERB-TABELLEN
# DEUTSCH

BEARBEITET VON

DR. HEINZ F. WENDT

# LANGENSCHEIDT

BERLIN · MÜNCHEN · WIEN · ZÜRICH · NEW YORK

# Inhaltsverzeichnis

# Hinweise zur Benutzung der Tabellen und der Liste

1. **Formen in Klammern** sind veraltet, selten gebräuchlich oder auf einen feierlichen Stil beschränkt: (*buk*), (*büke*) von *backen*.

2. **Die trennbaren Verben** sind mit einem geraden Strich zwischen der trennbaren Vorsilbe und dem Grundverb bezeichnet. Die trennbare Vorsilbe trägt außerdem ein Betonungszeichen: 'aus|fragen; ich frage aus, ausgefragt.

3. Um eine möglichst **schnelle und einfache Orientierung** zu ermöglichen, sind die Hinweise in der alphabetischen Liste der Verben auf die Angabe einer wesentlichen Konjugationstabelle beschränkt, z. B.

   'ab|spielen        Verweis auf        'aus|fragen: ich frage aus
                                        *entsprechend:* **ich spiele ab**
   'ab|steigen        Verweis auf        **steigen** *(s. Seite 39)*

   Alle anderen Formen, Stellung der Vorsilbe ab- usw. sind aus dem Muster '*aus|rufen* zu erschließen.

   Als Norm gilt, daß die zusammengesetzten Zeiten eines Verbs im Aktiv mit **haben** gebildet werden. Ein besonderer Hinweis ist damit überflüssig. Die Konjugation mit **sein** ist dagegen gekennzeichnet, z. B.

   '*ab|steigen v/i* (sein):        *ich steige ab*
                                   *ich stieg ab*
                                   ich **bin** abgestiegen

   (→ sein) bedeutet, daß das Verb mit *sein* konjugiert wird, wenn eine **gerichtete Bewegung** vorliegt, z. B.

   ich **habe** (zwei Stunden) geschwommen
   aber: ich **bin** an das andere Ufer geschwommen.

   Ist man über eine bestimmte zusammengesetzte Form mit *sein* im Zweifel, findet man diese unter *erwachen*.

4. **Weitere Beispiele zur Benutzung der Liste:**
   'ab|gewöhnen j-m etw.; sich (*D*) etw. ~ (P.P. 'abgewöhnt)
   Wegen der Stellung des Reflexivpronomens muß das Muster
   *sich freuen* zu Rate gezogen werden. *D* hinter *sich* gibt an, daß das Reflexivpronomen im Dativ steht:

   ich freue mich
   ich gewöhne **mir** etwas ab.

   *P.P. abgewöhnt* macht darauf aufmerksam, daß das Partizip kein weiteres *ge-* zu sich nimmt.

   Der Vermerk *v/i* (sein) *D; A* hinter unter'laufen bedeutet:
   *unterlaufen* ist intransitiv, wird mit *sein* konjugiert und mit dem Dativ verbunden, z. B.

   Ein Fehler **ist** *mir* unterlaufen.

   *A* nach dem Semikolon bedeutet, daß das Verb auch transitiv sein kann, also ein Akkusativobjekt zu sich nimmt und mit *haben* verbunden wird, z. B.

   Er *hat die Verordnung* unterlaufen.

# Abkürzungen

|  |  |  |  |
|---|---|---|---|
|  | Akkusativobjekt | *od.* | oder |
|  | auch | *Pass.* | Passiv |
|  | Dativobjekt | *Perf.* | Perfekt |
| *w.* | sachliches Akkusativobjekt | *P. P.* | Partizip Perfekt |
| *g.* | figürlich | *Präs.* | Präsens |
|  | Genetivobjekt | *s.* | siehe |
| *np.* | Imperativ | *v/i* | intransitives Verb; Verb, das nur |
| *d.* | Indikativ |  | ohne Objekt oder einem inneren |
| *f.* | Infinitiv |  | Objekt verwendet wird; z. B. |
| *m* | meist persönliches Dativobjekt |  | *Walzer tanzen. Walzer* ist inneres |
| *n* | meist persönliches Akkusativobjekt |  | Objekt, da es als Tanz das Verb |
|  |  |  | *tanzen* nur näher bestimmt. |
| *onj.* | Konjunktiv | *v/t* | transitives Verb |
| *st.* | meist | → | (sein) s. Hinweise zur Be- |
|  | Substantiv im Nominativ |  | nutzung 3. |
|  | (Gleichsetzungsnominativ) |  |  |

**AKTIV**

# loben (schwache Verben)

### Einfache Zeiten

| INDIKATIV | | KONJUNKTIV | | IMPERATIV |
|---|---|---|---|---|

| *Präsens* | *Präteritum* | *Präsens* *(od. Konj. I)* | *Präteritum* *(od. Konj. II)* | |
|---|---|---|---|---|
| ich lobe | lobte | lobe | lobte | |
| du lobst | lobtest | lobest | lobtest | lobe! (lob!) |
| er lobt | lobte | lobe | lobte | loben **wir!** |
| wir loben | lobten | loben | lobten | **laßt uns** loben! |
| ihr lobt | lobtet | lobet | lobtet | lobt! loben **Sie!** |
| sie loben | lobten | loben | lobten | |

| Infinitiv | | Partizip | | Verben mit |
|---|---|---|---|---|
| *Präsens* | *Perfekt* | *Präsens* | *Perfekt* | unbetonter Vorsilbe |
| loben | gelobt haben | lobend | gelobt | kein ge-: |
| | | | | *ver*'lobt |
| | | | | *über*'rascht |

### INDIKATIV — Zusammengesetzte Zeiten

| *Perfekt* | *Plusquamperfekt* | *Futur I* | *Futur II* |
|---|---|---|---|
| ich **habe** gelobt | **hatte** gelobt | werde loben | werde **gelobt haben** |
| du **hast** gelobt | **hattest** gelobt | wirst loben | wirst **gelobt haben** |
| er **hat** gelobt | **hatte** gelobt | wird loben | wird **gelobt haben** |
| wir **haben** gelobt | **hatten** gelobt | werden loben | werden **gelobt haben** |
| ihr **habt** gelobt | **hattet** gelobt | werdet loben | werdet **gelobt haben** |
| sie **haben** gelobt | **hatten** gelobt | werden loben | werden **gelobt haben** |

| | *Konditional I* | *Konditional II* | |
|---|---|---|---|
| | ich würde loben | würde **gelobt haben** | |
| | du würdest loben | würdest **gelobt haben** | |
| | er würde loben | würde **gelobt haben** | |
| | wir würden loben | würden **gelobt haben** | |
| | ihr würdet loben | würdet **gelobt haben** | |
| | sie würden loben | würden **gelobt haben** | |

### KONJUNKTIV

| *Perfekt* *(Konj. I + P. P.)* | *Plusquamperfekt* *(Konj. II + P. P.)* | *Futur I* *(Konj. I + Inf.)* | *Futur II* *(Konj. I + Inf. Perf.)* |
|---|---|---|---|
| ich **habe** gelobt | **hätte** gelobt | werde loben | werde **gelobt haben** |
| du **habest** gelobt | **hättest** gelobt | werdest loben | werdest **gelobt haben** |
| er **habe** gelobt | **hätte** gelobt | werde loben | werde **gelobt haben** |
| wir **haben** gelobt | **hätten** gelobt | werden loben | werden **gelobt haben** |
| ihr **habet** gelobt | **hättet** gelobt | werdet loben | werdet **gelobt haben** |
| sie **haben** gelobt | **hätten** gelobt | werden loben | werden **gelobt haben** |

# gelobt werden

## INDIKATIV

| Präsens | Präteritum | Imperativ *(aus dem Zustandspassiv:* sei ...!) |
|---|---|---|
| ich werde gelobt | wurde gelobt | |
| du wirst gelobt | wurdest gelobt | (werde) **sei** gelobt! |
| er wird gelobt | wurde gelobt | (werden wir) **seien wir** gelobt! |
| wir werden gelobt | wurden gelobt | (werdet) **seid,** Seien Sie (werden Sie) gelobt! |
| ihr werdet gelobt | wurdet gelobt | |
| sie werden gelobt | wurden gelobt | |

| **Infinitiv** | | **Partizip** | |
|---|---|---|---|
| *Präsens* | *Perfekt* | *Nezessativ* | *Perfekt* |
| gelobt **werden** | gelobt **worden sein** | **zu** lobe**nd** | gelobt |

| *Perfekt* | *Plusquamperfekt* |
|---|---|
| ich bin gelobt worden | war gelobt worden |
| du bist gelobt worden | warst gelobt worden |
| er ist gelobt worden | war gelobt worden |
| wir sind gelobt worden | waren gelobt worden |
| ihr seid gelobt worden | wart gelobt worden |
| sie sind gelobt worden | waren gelobt worden |

| *Futur I* | *Futur II* |
|---|---|
| ich werde gelobt werden | werde gelobt worden sein |
| du wirst gelobt werden | wirst gelobt worden sein |
| er wird gelobt werden | wird gelobt worden sein |
| wir werden gelobt werden | werden gelobt worden sein |
| ihr werdet gelobt werden | werdet gelobt worden sein |
| sie werden gelobt werden | werden gelobt worden sein |

| *Konditional I* | *Konditional II* |
|---|---|
| ich würde gelobt werden | würde gelobt worden sein |
| du würdest gelobt werden | würdest gelobt worden sein |
| er würde gelobt werden | würde gelobt worden sein |
| wir würden gelobt werden | würden gelobt worden sein |
| ihr würdet gelobt werden | würdet gelobt worden sein |
| sie würden gelobt werden | würden gelobt worden sein |

# KONJUNKTIV

| Präsens (Konj. I + P. P.) | Präteritum (Konj. II + P. P.) |
|---|---|
| ich werde gelobt | würde gelobt |
| du werdest gelobt | würdest gelobt |
| er werde gelobt | würde gelobt |
| wir werden gelobt | würden gelobt |
| ihr werdet gelobt | würdet gelobt |
| sie werden gelobt | würden gelobt |

| Perfekt (Konj. I + P. P. Pass.) | Plusquamperfekt (Konj. II + P. P. Pass.) |
|---|---|
| ich sei gelobt worden | wäre gelobt worden |
| du seiest gelobt worden | wärest gelobt worden |
| er sei gelobt worden | wäre gelobt worden |
| wir seien gelobt worden | wären gelobt worden |
| ihr seiet gelobt worden | wäret gelobt worden |
| sie seien gelobt worden | wären gelobt worden |

| Futur I | Futur II |
|---|---|
| ich werde gelobt werden | werde gelobt worden sein |
| du werdest gelobt werden | werdest gelobt worden sein |
| er werde gelobt werden | werde gelobt worden sein |
| wir werden gelobt werden | werden gelobt worden sein |
| ihr werdet gelobt werden | werdet gelobt worden sein |
| sie werden gelobt werden | werden gelobt worden sein |

ZUSTANDSPASSIV  **Infinitiv: geschädigt sein**     **Part. Perf.: geschädigt**

## INDIKATIV

| Präsens | Präteritum |
|---|---|
| ich bin geschädigt | war geschädigt |
| du bist geschädigt | warst geschädigt |
| er ist geschädigt | war geschädigt |
| wir sind geschädigt | waren geschädigt |
| ihr seid geschädigt | wart geschädigt |
| sie sind geschädigt | waren geschädigt |

| Perfekt | Plusquamperfekt |
|---|---|
| ich bin geschädigt gewesen | war geschädigt gewesen |

| Futur I | Konditional I |
|---|---|
| ich werde geschädigt sein | würde geschädigt sein |

# KONJUNKTIV

| *Präsens (Konj. I)* | *Präteritum (Konj. II)* |
|---|---|
| ich sei geschädigt | wäre geschädigt |
| du seiest geschädigt | wärest geschädigt |
| er sei geschädigt | wäre geschädigt |
| wir seien geschädigt | wären geschädigt |
| ihr seiet geschädigt | wäret geschädigt |
| sie seien geschädigt | wären geschädigt |

| *Perfekt* | *Plusquamperfekt* |
|---|---|
| ich sei geschädigt gewesen | wäre geschädigt gewesen |
| *usw.* | *usw.* |

| *Futur I* | *Konditional I* |
|---|---|
| ich werde geschädigt sein | ich würde geschädigt sein |
| du werdest geschädigt sein | du werdest geschädigt sein |
| *usw.* | |

## KONJUNKTIV DER INDIREKTEN REDE
*(Mischformen aus Konjunktiv I und II)*

### AKTIV

| *Gegenwart* | *Vergangenheit* | *Zukunft* |
|---|---|---|
| **Man sagt,** | | |
| ich lobte | ich **hätte** gelobt | ich **würde** loben |
| du lobest | du habest gelobt | du werdest loben |
| er lobe | er habe gelobt | er werde loben |
| wir lobten | wir **hätten** gelobt | wir **würden** loben |
| ihr lobet | ihr habet (hättet) gelobt | ihr **würdet** loben |
| sie lobten | sie **hätten** gelobt | sie **würden** loben |

*Gegenwart und Zukunft auch:* ich würde loben    wir würden loben
    du würdest loben    ihr würdet loben
    er würde loben    sie würden loben

### PASSIV

| | | |
|---|---|---|
| ich **würde** gelobt | sei gelobt worden | **würde** gelobt werden |
| du werdest gelobt | seiest gelobt worden | werdest gelobt werden |
| er werde gelobt | sei gelobt worden | werde gelobt werden |
| wir **würden** gelobt | seien gelobt worden | **würden** gelobt werden |
| ihr **würdet** gelobt | seiet gelobt worden | **würdet** gelobt werden |
| sie **würden** gelobt | seien gelobt worden | **würden** gelobt werden |

AKTIV  **'aus|fragen** (trennbare schwache Verben)

**Einfache Zeiten**

| INDIKATIV | | KONJUNKTIV | | IMPERATIV |
|---|---|---|---|---|

| *Präsens* | *Präteritum* | *Präsens* *(Konj. I)* | *Präteritum* *(Konj. II)* | |
|---|---|---|---|---|
| ich frage aus | fragte aus | frage aus | fragte aus | |
| du fragst aus | fragtest aus | fragest aus | fragtest aus | frage aus! frag aus! |
| er fragt aus | fragte aus | frage aus | fragte aus | |
| wir fragen aus | fragten aus | fragen aus | fragten aus | fragen wir aus! |
| ihr fragt aus | fragtet aus | fraget aus | fragtet aus | laßt uns ausfragen! |
| sie fragen aus | fragten aus | fragen aus | fragten aus | fragt aus! fragen Sie aus! |

| **Infinitiv** | | **Partizip** | |
|---|---|---|---|
| *Präsens* | *Perfekt* | *Präsens* | *Perfekt* |
| **aus**fragen | ausgefragt **haben** | **aus**fragend | ausgefragt |

**INDIKATIV**          **Zusammengesetzte Zeiten**

| *Perfekt* | *Plusquamperfekt* | *Futur I* |
|---|---|---|
| ich habe ausgefragt | hatte ausgefragt | werde ausfragen |
| du hast ausgefragt | hattest ausgefragt | wirst ausfragen |
| er hat ausgefragt | hatte ausgefragt | wird ausfragen |
| wir haben ausgefragt | hatten ausgefragt | werden ausfragen |
| ihr habt ausgefragt | hattet ausgefragt | werdet ausfragen |
| sie haben ausgefragt | hatten ausgefragt | werden ausfragen |

| *Futur II* | *Konditional I* | *Konditional II* |
|---|---|---|
| ich werde ausgefragt **haben** | würde ausfragen | würde ausgefragt **haben** |
| du wirst ausgefragt **haben** | würdest ausfragen | würdest ausgefragt **haben** |
| er wird ausgefragt **haben** | würde ausfragen | würde ausgefragt **haben** |
| wir werden ausgefragt **haben** | würden ausfragen | würden ausgefragt **haben** |
| ihr werdet ausgefragt **haben** | würdet ausfragen | würdet ausgefragt **haben** |
| sie werden ausgefragt **haben** | würden ausfragen | würden ausgefragt **haben** |

**KONJUNKTIV**

| *Präsens (Konj. I + P. P.)* | ich habe ausgefragt *usw. wie loben* |
|---|---|
| *Plusquamperfekt (Konj. II + P. P.)* | ich hätte ausgefragt *usw. wie loben* |
| *Futur I (Konj. I + Inf.)* | ich werde ausfragen *usw. wie loben* |
| *Futur II (Konj. I + Inf. Perf.)* | ich werde ausgefragt **haben** *usw. wie loben* |

# KONJUNKTIV DER INDIREKTEN REDE
*(Mischformen aus Konj. I und II)*

**AKTIV**

| *Gegenwart* | *Vergangenheit* | *Zukunft* |
|---|---|---|
| **Man sagt,** | | |
| ich fragte aus | **hätte** ausgefragt | **würde** ausfragen |
| du fragest aus | habest ausgefragt | werdest ausfragen |
| er frage aus | habe ausgefragt | werde ausfragen |
| wir fragten aus | **hätten** ausgefragt | **würden** ausfragen |
| ihr fraget aus | habet (**hättet**) ausgefragt | **würdet** ausfragen |
| sie fragten aus | **hätten** ausgefragt | **würden** ausfragen |

*Gegenwart und Zukunft auch:*

| | |
|---|---|
| ich würde ausfragen | wir würden ausfragen |
| du würdest ausfragen | ihr würdet ausfragen |
| er würde ausfragen | sie würden ausfragen |

**PASSIV**

| | | |
|---|---|---|
| ich **würde** ausgefragt | sei ausgefragt worden | **würde** ausgefragt werden |
| du werdest ausgefragt | seiest ausgefragt worden | werdest ausgefragt werden |
| er werde ausgefragt | sei ausgefragt worden | werde ausgefragt werden |
| wir **würden** ausgefragt | seien ausgefragt worden | **würden** ausgefragt werden |
| ihr **würdet** ausgefragt | seiet ausgefragt worden | **würdet** ausgefragt werden |
| sie **würden** ausgefragt | seien ausgefragt worden | **würden** ausgefragt werden |

---

**PASSIV**     <u>**ausgefragt werden**</u>

**INDIKATIV**

| *Präsens* | *Präteritum* | *Imperativ* |
|---|---|---|
| ich werde ausgefragt | wurde ausgefragt | (werde, sei ausgefragt!) |
| *usw. wie loben* | *usw. wie loben* | *kaum gebräuchlich* |

| **Infinitiv** | | **Partizip** | |
|---|---|---|---|
| *Präsens* | *Perfekt* | *Nezessativ* | *Perfekt* |
| ausgefragt **werden** | ausgefragt **worden sein** | aus**zu**fragend | ausgefragt |

| | |
|---|---|
| *Perfekt* | ich bin ausgefragt worden |
| *Plusquamperfekt* | ich war ausgefragt worden |
| *Futur I* | ich werde ausgefragt werden |
| *Futur II* | ich werde ausgefragt worden sein |
| *Konditional I* | ich würde ausgefragt werden |
| *Konditional II* | ich würde ausgefragt worden sein |

## KONJUNKTIV

| | |
|---|---|
| *Präsens* | ich werde ausgefragt |
| *Präteritum* | ich würde ausgefragt |
| *Perfekt* | ich sei ausgefragt worden |
| *Plusquamperfekt* | ich wäre ausgefragt worden |
| *Futur I* | ich werde ausgefragt werden |
| *Futur II* | ich werde ausgefragt worden sein |
| *Konditional I* | ich würde ausgefragt werden |
| *Konditional II* | ich würde ausgefragt worden sein |

## ZUSTANDSPASSIV

| | INDIKATIV | KONJUNKTIV |
|---|---|---|
| *Präsens* | ich bin ausgefragt | ich sei ausgefragt |
| *Präteritum* | ich war ausgefragt | ich wäre ausgefragt |
| *Perfekt* | ich bin ausgefragt gewesen | ich sei ausgefragt gewesen |
| *Plusquamperfekt* | ich war ausgefragt gewesen | ich wäre ausgefragt gewesen |
| *Futur I* | ich werde ausgefragt sein | ich werde ausgefragt sein |
| *Konditional I* | ich würde ausgefragt sein | ich würde ausgefragt sein |

**NUR AKTIV**     <u>**erwachen**</u> (sein)

**Einfache Zeiten**

| INDIKATIV | | KONJUNKTIV | | IMPERATIV |
|---|---|---|---|---|
| *Präsens* | *Präteritum* | *Präsens* (*Konj. I*) | *Präteritum* (*Konj. II*) | |
| ich erwache | erwachte | erwache | erwachte | |
| du erwachst | erwachtest | erwachest | erwachtest | erwache! erwach! |
| er erwacht | erwachte | erwache | erwachte | |
| wir erwachen | erwachten | erwachen | erwachten | erwachen wir! |
| ihr erwacht | erwachtet | erwachet | erwachtet | laßt uns erwachen! |
| sie erwachen | erwachten | erwachen | erwachten | erwacht! erwachen Sie! |

| **Infinitiv** | | **Partizip** | |
|---|---|---|---|
| *Präsens* | *Perfekt* | *Präsens* | *Perfekt* |
| erwachen | erwacht **sein** | erwachend | erwacht |

12

## Zusammengesetzte Zeiten

## INDIKATIV

| Perfekt | Plusquamperfekt | Futur I | Futur II |
|---|---|---|---|
| ich **bin** erwacht | **war** erwacht | werde erwachen | werde **erwacht sein** |
| du **bist** erwacht | **warst** erwacht | wirst erwachen | wirst **erwacht sein** |
| er **ist** erwacht | **war** erwacht | wird erwachen | wird **erwacht sein** |
| wir **sind** erwacht | **waren** erwacht | werden erwachen | werden **erwacht sein** |
| ihr **seid** erwacht | **wart** erwacht | werdet erwachen | werdet **erwacht sein** |
| sie **sind** erwacht | **waren** erwacht | werden erwachen | werden **erwacht sein** |

| Konditional I | Konditional II |
|---|---|
| ich würde erwachen | würde **erwacht sein** |
| du würdest erwachen | würdest **erwacht sein** |
| er würde erwachen | würde **erwacht sein** |
| wir würden erwachen | würden **erwacht sein** |
| ihr würdet erwachen | würdet **erwacht sein** |
| sie würden erwachen | würden **erwacht sein** |

## KONJUNKTIV

| Perfekt (Konj. I + P. P.) | Plusquamperfekt (Konj. II + P. P.) | Futur I (Konj. I + Inf.) | Futur II (Konj. I + Inf. Perf.) |
|---|---|---|---|
| ich **sei** erwacht | **wäre** erwacht | werde erwachen | werde **erwacht sein** |
| du **seiest** erwacht | **wärest** erwacht | werdest erwachen | werdest **erwacht sein** |
| er **sei** erwacht | **wäre** erwacht | werde erwachen | werde **erwacht sein** |
| wir **seien** erwacht | **wären** erwacht | werden erwachen | werden **erwacht sein** |
| ihr **seiet** erwacht | **wäret** erwacht | werdet erwachen | werdet **erwacht sein** |
| sie **seien** erwacht | **wären** erwacht | werden erwachen | werden **erwacht sein** |

## KONJUNKTIV DER INDIREKTEN REDE

| Gegenwart | Vergangenheit | Zukunft |
|---|---|---|
| **Man sagt,** | | |
| ich erwach**te** | **wäre** erwacht | **würde** erwachen |
| du erwach**est** | **wärest** erwacht | werdest erwachen |
| er erwach**e** | **wäre** erwacht | werde erwachen |
| wir erwach**ten** | **wären** erwacht | **würden** erwachen |
| ihr erwach**et** | **wäret** erwacht | **würdet** erwachen |
| sie erwach**ten** | **wären** erwacht | **würden** erwachen |

# sich freuen

### Einfache Zeiten

| INDIKATIV | | KONJUNKTIV | | IMPERATIV |
|---|---|---|---|---|
| *Präsens* | *Präteritum* | *Präsens (od. Konj. I)* | *Präteritum (od. Konj. II)* | |
| ich freue mich | freute mich | freue mich | freute mich | |
| du freust dich | freutest dich | freuest dich | freutest dich | freue dich! |
| er freut sich | freute sich | freue sich | freute sich | |
| wir freuen uns | freuten uns | freuen uns | freuten uns | freuen wir uns! |
| ihr freut euch | freutet euch | freuet euch | freutet euch | freut euch! |
| sie freuen sich | freuten sich | freuen sich | freuten sich | |

| **Infinitiv** | | **Partizip** | |
|---|---|---|---|
| *Präsens* | *Perfekt* | *Präsens* | *Perfekt* |
| sich freuen | sich gefreut haben | sich freuend | gefreut |

**INDIKATIV**  Zusammengesetzte Zeiten

| *Perfekt* | *Plusquamperfekt* | *Futur I* | *Futur II* |
|---|---|---|---|
| ich habe mich gefreut | hatte mich gefreut | werde mich freuen | werde mich gefreut haben |
| du hast dich gefreut | hattest dich gefreut | wirst dich freuen | wirst dich gefreut haben |
| er hat sich gefreut | hatte sich gefreut | wird sich freuen | wird sich gefreut haben |
| wir haben uns gefreut | hatten uns gefreut | werden uns freuen | werden uns gefreut haben |
| ihr habt euch gefreut | hattet euch gefreut | werdet euch freuen | werdet euch gefreut haben |
| sie haben sich gefreut | hatten sich gefreut | werden sich freuen | werden sich gefreut haben |

| *Konditional I* | *Konditional II* |
|---|---|
| ich würde mich freuen | würde mich **gefreut haben** |
| du würdest dich freuen | würdest dich **gefreut haben** |
| er würde sich freuen | würde sich **gefreut haben** |
| wir würden uns freuen | würden uns **gefreut haben** |
| ihr würdet euch freuen | würdet euch **gefreut haben** |
| sie würden sich freuen | würden sich **gefreut haben** |

# KONJUNKTIV

| | | | |
|---|---|---|---|
| *Perfekt*<br>*(Konj. I*<br>*+ P. P.)* | ich **habe** mich gefreut<br>du **habest** dich gefreut<br>er **habe** sich gefreut<br>wir **haben** uns gefreut<br>ihr **habet** euch gefreut<br>sie **haben** sich gefreut | *Plusquamperfekt*<br>*(Konj. II*<br>*+ P. P.)* | **hätte** mich gefreut<br>**hättest** dich gefreut<br>**hätte** sich gefreut<br>**hätten** uns gefreut<br>**hättet** euch gefreut<br>**hätten** sich gefreut |
| *Futur I*<br>*(Konj. I*<br>*+ Inf.)* | ich werde mich freuen<br>du werdest dich freuen<br>er werde sich freuen<br>wir werden uns freuen<br>ihr werdet euch freuen<br>sie werden sich freuen | *Futur II*<br>*(Konj. I*<br>*+ Inf. Perf.)* | werde mich gefreut haben<br>werdest dich gefreut haben<br>werde sich gefreut haben<br>werden uns gefreut haben<br>werdet euch gefreut haben<br>werden sich gefreut haben |

## KONJUNKTIV DER INDIREKTEN REDE

| *Gegenwart* | *Vergangenheit* | *Zukunft* |
|---|---|---|
| **Man sagt,** | | |
| ich freute mich | **hätte** mich gefreut | **würde** mich freuen |
| du freuest dich | habest dich gefreut | werdest dich freuen |
| er freue sich | habe sich gefreut | werde sich freuen |
| wir freuten uns | **hätten** uns gefreut | **würden** uns freuen |
| ihr freuet euch | habet euch gefreut | **würdet** euch freuen |
| sie freuten sich | **hätten** sich gefreut | **würden** sich freuen |

AKTIV     <u>**reden**</u> (Verben auf -den und -ten)

### Einfache Zeiten

| INDIKATIV | | KONJUNKTIV | | IMPERATIV |
|---|---|---|---|---|
| *Präsens* | *Präteritum* | *Präsens*<br>*(Konj. I)* | *Präteritum*<br>*(Konj. II)* = INDIKATIV | |
| ich rede | redete | rede | redete | |
| du redest | redetest | redest | redetest | rede! |
| er redet | redete | **rede** | redete | |
| wir reden | redeten | reden | redeten | reden wir! laßt |
| ihr redet | redetet | redet | redetet | uns reden! |
| sie reden | redeten | reden | redeten | redet! reden Sie! |

| **Infinitiv** | | **Partizip** | |
|---|---|---|---|
| *Präsens* | *Perfekt* | *Präsens* | *Perfekt* |
| reden | geredet haben | red**end** | geredet |

## Zusammengesetzte Zeiten

| AKTIV | PASSIV *(nur unpersönlich)* |
|---|---|
| *Perfekt* ich habe geredet *(usw. wie loben)* | *Präsens* es wird geredet |

### KONJUNKTIV DER INDIREKTEN REDE

| *Gegenwart* | | |
|---|---|---|
| **Man sagt,** | | |
| ich redete | wir redeten | *Vergangenheit und Zukunft* |
| du redetest | ihr redetet | *wie* **loben** |
| er rede | sie redeten | |

---

AKTIV  **reisen** (Verben auf -sen)

### Einfache Zeiten

| INDIKATIV | | KONJUNKTIV | | IMPERATIV |
|---|---|---|---|---|
| *Präsens* | *Präteritum* | *Präsens*<br>*(Konj. I)* | *Präteritum*<br>*(Konj. II)* | |
| ich reise | reiste | reise | reiste | |
| du reist (reisest) | reistest | reisest | reistest | reise! |
| er reist | reiste | reise | reiste | |
| wir reisen | reisten | reisen | reisten | reisen wir! laßt uns |
| ihr reist | reistet | reiset | reistet | reisen! |
| sie reisen | reisten | reisen | reisten | reist! reisen Sie! |

| **Infinitiv** | | **Partizip** | |
|---|---|---|---|
| *Präsens* | *Perfekt* | *Präsens* | *Perfekt* |
| reisen | gereist **sein** | reisend | gereist |

### Zusammengesetzte Zeiten

| AKTIV | PASSIV *(nur unpersönlich)* |
|---|---|
| *Perfekt* ich **bin** gereist *(usw. wie erwachen)* | es wird gereist |

### KONJUNKTIV DER INDIREKTEN REDE

| *Gegenwart* | | |
|---|---|---|
| **Man sagt,** | | |
| ich reiste | wir reisten | *Vergangenheit und Zukunft* |
| du reisest | ihr reiset | *wie* **erwachen** |
| er reise | sie reisten | |

AKTIV  **fassen** (Verben auf -ssen)

### Einfache Zeiten

| INDIKATIV | | KONJUNKTIV | | IMPERATIV |
|---|---|---|---|---|
| *Präsens* | *Präteritum* | *Präsens (Konj. I)* | *Präteritum (Konj. II)* | |
| ich fasse | faßte | fasse | faßte | |
| du faßt (fassest) | faßtest | fassest | faßtest | fasse! faß! |
| er faßt | faßte | fasse | faßte | |
| wir fassen | faßten | fassen | faßten | fassen wir! laßt uns |
| ihr faßt | faßtet | fasset | faßtet | fassen! |
| sie fassen | faßten | fassen | faßten | faßt! fassen Sie! |

| **Infinitiv** | | **Partizip** | |
|---|---|---|---|
| *Präsens* | *Perfekt* | *Präsens* | *Perfekt* |
| fassen | gefaßt haben | fassend | gefaßt |

### Zusammengesetzte Zeiten

| AKTIV | PASSIV |
|---|---|
| *Perfekt* ich habe gefaßt *(usw. wie loben)* | *Präsens* ich werde gefaßt *(usw. wie loben)* |

**KONJUNKTIV DER INDIREKTEN REDE**

*Gegenwart*
**Man sagt,** ich faßte     wir faßten          *Vergangenheit und Zukunft*
        du fassest   ihr fasset          *wie* **loben**
        er fasse     sie fassen
*Gegenwart und Zukunft auch:* ich würde, du würdest, er würde, wir würden, ihr
        würdet, sie würden fassen.

AKTIV  **grüßen** (Verben auf -ßen, -xen, -zen, -tzen, -cksen, -chsen)

### Einfache Zeiten

| INDIKATIV | | KONJUNKTIV | | IMPERATIV |
|---|---|---|---|---|
| *Präsens* | *Präteritum* | *Präsens (Konj. I)* | *Präteritum (Konj. II)* | |
| ich grüße | grüßte | grüße | grüßte | |
| du grüßt (grüßest) | grüßtest | grüßest | grüßtest | grüße! grüß! |
| er grüßt | grüßte | grüße | grüßte | |
| wir grüßen | grüßten | grüßen | grüßten | grüßen wir! laßt |
| ihr grüßt | grüßtet | grüßet | grüßtet | uns grüßen! |
| sie grüßen | grüßten | grüßen | grüßten | grüßt! grüßen Sie! |

| Infinitiv | | Partizip | |
|---|---|---|---|
| *Präsens* | *Perfekt* | *Präsens* | *Perfekt* |
| grüßen | gegrüßt | grüßend | gegrüßt |

## Zusammengesetzte Zeiten

| AKTIV | PASSIV |
|---|---|
| *Perfekt* ich habe gegrüßt *(usw. wie loben)* | *Präsens* ich werde gegrüßt |
| | *(usw. wie loben)* |

### KONJUNKTIV DER INDIREKTEN REDE

| *Gegenwart* | Man sagt, | |
|---|---|---|
| ich grüßte | wir grüßten | *Vergangenheit und Zukunft wie* **loben** |
| du grüßest | ihr grüßet | *Gegenwart und Zukunft auch* = Konditional I |
| er grüße | sie grüßten | |

AKTIV  **handeln** (Verben auf -eln)

### Einfache Zeiten

| INDIKATIV | | KONJUNKTIV | | IMPERATIV |
|---|---|---|---|---|
| *Präsens* | *Präteritum* | *Präsens* | *Präteritum* | |
| | | *(Konj. I)* | *(Konj. II)* | |
| | | | = INDIKATIV | |
| ich handle (handele) | handelte | handle | handelte | |
| du handelst | handeltest | handlest | handeltest | handle! |
| er handelt | handelte | handle | handelte | |
| wir handeln | handelten | handlen | handelten | handeln wir! laßt |
| ihr handelt | handeltet | handlet | handeltet | uns handeln! |
| sie handeln | handelten | handlen | handelten | handelt! handeln Sie! |

| Infinitiv | | Partizip | |
|---|---|---|---|
| *Präsens* | *Perfekt* | *Präsens* | *Perfekt* |
| handeln | gehandelt haben | handelnd | gehandelt |

## Zusammengesetzte Zeiten

| AKTIV | PASSIV |
|---|---|
| *Perfekt* ich habe gehandelt | *Präsens* ich werde gehandelt |
| *(usw. wie loben)* | |

### KONJUNKTIV DER INDIREKTEN REDE

| *Gegenwart* | **Man sagt,** | *Vergangenheit* | *Zukunft* |
|---|---|---|---|
| | ich handle | ich handelte | ich werde handeln |
| | *(usw. wie loben Präs. Konj.)* | *(wie loben)* | *(wie loben)* |
| | *Gegenwart und Zukunft auch:* ich würde, du würdest *usw.* handeln | | |

18

AKTIV **wandern** (Verben auf -ern)

### Einfache Zeiten

| INDIKATIV | | KONJUNKTIV | | IMPERATIV |
|---|---|---|---|---|
| *Präsens* | *Präteritum* | *Präsens (Konj. I)* | *Präteritum (Konj. II) = INDIKATIV* | |
| ich wandere (wandre) | wanderte | wandre | wanderte | |
| du wanderst | wandertest | wandrest | wandertest | wandre! |
| er wandert | wanderte | wandre | wanderte | |
| wir wandern | wanderten | wandren | wanderten | wandern wir! laßt |
| ihr wandert | wandertet | wandret | wandertet | uns wandern! |
| sie wandern | wanderten | wandren | wanderten | wandert! wandern Sie! |

| **Infinitiv** | | **Partizip** | |
|---|---|---|---|
| *Präsens* | *Perfekt* | *Präsens* | *Perfekt* |
| wandern | gewandert sein | wandernd | gewandert |

### Zusammengesetzte Zeiten

| AKTIV | PASSIV *(nur unpersönlich)* |
|---|---|
| *Perfekt* ich bin gewandert | *Präsens* es wird gewandert |
| *(usw. wie erwachen)* | |

**KONJUNKTIV DER INDIREKTEN REDE**

| *Gegenwart* **Man sagt,** | *Vergangenheit und Zukunft wie* **erwachen** |
|---|---|
| ich wandre *(usw. wie oben)* | |
| *Gegenwart und Zukunft auch:* ich würde, du würdest *usw.* wandern | |

AKTIV **rechnen** (Verben auf -nen u. einige auf -men)

### Einfache Zeiten

| INDIKATIV | | KONJUNKTIV | | IMPERATIV |
|---|---|---|---|---|
| *Präsens* | *Präteritum* | *Präsens (Konj. I)* | *Präteritum (Konj. II)* | |
| ich rechne | rechnete | rechne | rechnete | |
| du rechnest | rechnetest | rechnest | rechnetest | rechne! |
| er rechnet | rechnete | rechne | rechnete | rechnen wir! laßt |
| wir rechnen | rechneten | rechnen | rechneten | uns rechnen! |
| ihr rechnet | rechnetet | rechnet | rechnetet | rechnet! rechnen Sie! |
| sie rechnen | rechneten | rechnen | rechneten | |

| Infinitiv | | Partizip | |
|---|---|---|---|
| *Präsens* | *Perfekt* | *Präsens* | *Perfekt* |
| rechnen | gerechnet haben | rechnend | gerechnet |

### Zusammengesetzte Zeiten

AKTIV                                            PASSIV

*Perfekt*  ich habe gerechnet                    *Präsens*  es wird gerechnet
    *(usw. wie loben)*

## KONJUNKTIV DER INDIREKTEN REDE

| *Gegenwart* | | *Vergangenheit* | *Zukunft* |
|---|---|---|---|
| **Man sagt,** | | | |
| ich rechnete | wir rechneten | hätte gerechnet | würde rechnen |
| du rechnetest | ihr rechnetet | *(usw. wie loben)* | *(usw. wie loben)* |
| er rechne | sie rechneten | | |

*Gegenwart und Zukunft auch:* ich würde rechnen, du würdest rechnen *usw.*

AKTIV                   **studieren** (Verben auf -ieren)

INDIKATIV               KONJUNKTIV              IMPERATIV

| *Präsens* | *Präteritum* | *Präsens* (Konj. I) | *Präteritum* (Konj. II) | |
|---|---|---|---|---|
| ich studiere | studierte | studiere | studierte | |
| du studierst | studiertest | studierest | studiertest | studiere! |
| er studiert | studierte | studiere | studierte | |
| wir studieren | studierten | studieren | studierten | studieren wir! |
| ihr studiert | studiertet | studieret | studiertet | laßt uns studieren! |
| sie studieren | studierten | studieren | studierten | studiert! studieren Sie! |

| Infinitiv | | Partizip | |
|---|---|---|---|
| *Präsens* | *Perfekt* | *Präsens* | *Perfekt* |
| studieren | studiert haben *(kein ge-!)* | studierend | studiert *(kein ge-!)* |

### Zusammengesetzte Zeiten

AKTIV                                            PASSIV

*Perfekt*  ich habe **studiert**                 *Präsens*  es wird studiert
    *(usw. wie loben)*

| AKTIV | | **rufen** (u — i — u) | | starke Verben |
|---|---|---|---|---|

$$1 — 2 — 1$$

| INDIKATIV | | KONJUNKTIV | | IMPERATIV |
|---|---|---|---|---|
| *Präsens* | *Präteritum* | *Präsens* *(Konj. I)* | *Präteritum* *(Konj. II)* | |
| ich rufe | rief | rufe | riefe | |
| du rufst | riefst | rufest | riefest | rufe! ruf! |
| er ruft | rief | rufe | riefe | |
| wir rufen | riefen | rufen | riefen | rufen wir! laßt uns rufen! |
| ihr ruft | rieft | rufet | riefet | ruft! rufen Sie! |
| sie rufen | riefen | rufen | riefen | |

| Infinitiv | | Partizip | | Verben mit **unbetonter** |
|---|---|---|---|---|
| *Präsens* | *Perfekt* | *Präsens* | *Perfekt* | Vorsilbe **kein ge-:** |
| rufen | gerufen haben | rufend | gerufen | be'rufen |
| | | | | ver'boten |
| | | | | durch'laufen |

## INDIKATIV — Zusammengesetzte Zeiten

| Perfekt | Plusquamperfekt | Futur I | Futur II |
|---|---|---|---|
| ich **habe** gerufen | **hatte** gerufen | werde rufen | werde gerufen haben |
| du **hast** gerufen | **hattest** gerufen | wirst rufen | wirst gerufen haben |
| er **hat** gerufen | **hatte** gerufen | wird rufen | wird gerufen haben |
| wir **haben** gerufen | **hatten** gerufen | werden rufen | werden gerufen haben |
| ihr **habt** gerufen | **hattet** gerufen | werdet rufen | werdet gerufen haben |
| sie **haben** gerufen | **hatten** gerufen | werden rufen | werden gerufen haben |

| *Konditional I* | | *Konditional II* | |
|---|---|---|---|
| | ich würde rufen | | würde gerufen haben |
| | du würdest rufen | | würdest gerufen haben |
| | er würde rufen | | würde gerufen haben |
| | wir würden rufen | | würden gerufen haben |
| | ihr würdet rufen | | würdet gerufen haben |
| | sie würden rufen | | würden gerufen haben |

## KONJUNKTIV

| Präsens *(Konj. I + P. P.)* | Plusquamperfekt *(Konj. II + P. P.)* | Futur I *(Konj. I + Inf.)* | Futur II *(Konj. I + Inf. Perf.)* |
|---|---|---|---|
| ich **habe** gerufen | **hätte** gerufen | werde rufen | werde gerufen haben |
| du **habest** gerufen | **hättest** gerufen | werdest rufen | werdest gerufen haben |
| er **habe** gerufen | **hätte** gerufen | werde rufen | werde gerufen haben |
| wir **haben** gerufen | **hätten** gerufen | werden rufen | werden gerufen haben |
| ihr **habet** gerufen | **hättet** gerufen | werdet rufen | werdet gerufen haben |
| sie **haben** gerufen | **hätten** gerufen | werden rufen | werden gerufen haben |

PASSIV **gerufen werden**

**INDIKATIV**

| Präsens | Präteritum | Imperativ |
|---|---|---|
| ich werde gerufen | wurde gerufen | |
| du wirst gerufen | wurdest gerufen | |
| er wird gerufen | wurde gerufen | — |
| wir werden gerufen | wurden gerufen | |
| ihr werdet gerufen | wurdet gerufen | |
| sie werden gerufen | wurden gerufen | |

**Infinitiv**

| Präsens | Perfekt | **Partizip** | |
|---|---|---|---|
| | | Nezessativ | Perfekt |
| gerufen **werden** | gerufen **worden sein** | **zu** rufen**d** | gerufen |

| Perfekt | Plusquamperfekt |
|---|---|
| ich bin gerufen worden | war gerufen worden |
| du bist gerufen worden | warst gerufen worden |
| er ist gerufen worden | war gerufen worden |
| wir sind gerufen worden | waren gerufen worden |
| ihr seid gerufen worden | wart gerufen worden |
| sie sind gerufen worden | waren gerufen worden |

| Futur I | Futur II |
|---|---|
| ich werde gerufen werden | werde gerufen worden sein |
| du wirst gerufen werden | wirst gerufen worden sein |
| er wird gerufen werden | wird gerufen worden sein |
| wir werden gerufen werden | werden gerufen worden sein |
| ihr werdet gerufen werden | werdet gerufen worden sein |
| sie werden gerufen werden | werden gerufen worden sein |

| Konditional I | Konditional II |
|---|---|
| ich würde gerufen werden | würde gerufen worden sein |
| du würdest gerufen werden | würdest gerufen worden sein |
| er würde gerufen werden | würde gerufen worden sein |
| wir würden gerufen werden | würden gerufen worden sein |
| ihr würdet gerufen werden | würdet gerufen worden sein |
| sie würden gerufen werden | würden gerufen worden sein |

**KONJUNKTIV**

| Präsens ( Konj. I + P. P.) | Präteritum ( Konj. II + P. P.) |
|---|---|
| ich werde gerufen | würde gerufen |
| du werdest gerufen | würdest gerufen |
| er werde gerufen | würde gerufen |
| wir werden gerufen | würden gerufen |
| ihr werdet gerufen | würdet gerufen |
| sie werden gerufen | würden gerufen |

| Perfekt (Konj. I + P. P. Passiv) | Plusquamperfekt (Konj. II + P. P. Pass.) |
|---|---|
| ich sei gerufen worden | wäre gerufen worden |
| du seiest gerufen worden | wärest gerufen worden |
| er sei gerufen worden | wäre gerufen worden |
| wir seien gerufen worden | wären gerufen worden |
| ihr seiet gerufen worden | wäret gerufen worden |
| sie seien gerufen worden | wären gerufen worden |

| Futur I | Futur II |
|---|---|
| ich werde gerufen werden | werde gerufen worden sein |
| du werdest gerufen werden | werdest gerufen worden sein |
| er werde gerufen werden | werde gerufen worden sein |
| wir werden gerufen werden | werden gerufen worden sein |
| ihr werdet gerufen werden | werdet gerufen worden sein |
| sie werden gerufen werden | werden gerufen worden sein |

| Konditional I | Konditional II |
|---|---|
| ich würde gerufen werden | würde gerufen worden sein |
| du würdest gerufen werden | würdest gerufen worden sein |
| er würde gerufen werden | würde gerufen worden sein |
| wir würden gerufen werden | würden gerufen worden sein |
| ihr würdet gerufen werden | würdet gerufen worden sein |
| sie würden gerufen werden | würden gerufen worden sein |

ZUSTANDSPASSIV **Infinitiv:** gerufen sein **Partizip Perfekt:** gerufen gewesen

**INDIKATIV**

| Präsens | Präteritum |
|---|---|
| ich bin gerufen | war gerufen |
| du bist gerufen | warst gerufen |
| er ist gerufen | war gerufen |
| wir sind gerufen | waren gerufen |
| ihr seid gerufen | wart gerufen |
| sie sind gerufen | waren gerufen |

| Perfekt | Plusquamperfekt |
|---|---|
| ich bin gerufen gewesen | war gerufen gewesen |

| Futur I | Konditional I |
|---|---|
| ich werde gerufen sein | würde gerufen sein |

# KONJUNKTIV

| *Präsens (Konj. I)* | *Präteritum (Konj. II)* |
|---|---|
| ich sei gerufen | wäre gerufen |
| du seiest gerufen | wärest gerufen |
| er sei gerufen | wäre gerufen |
| wir seien gerufen | wären gerufen |
| ihr seiet gerufen | wäret gerufen |
| sie seien gerufen | wären gerufen |

| *Perfekt* | *Plusquamperfekt* |
|---|---|
| ich sei gerufen gewesen | wäre gerufen gewesen |
| *usw.* | *usw.* |

| *Futur I* | |
|---|---|
| ich werde gerufen sein | — |
| du werdest gerufen sein | |
| *usw.* | |

## KONJUNKTIV DER INDIREKTEN REDE
*(Mischformen aus Konj. I und Konj. II)*

| AKTIV *Gegenwart* | *Vergangenheit* | *Zukunft* |
|---|---|---|
| **Man sagt,** | | |
| ich riefe | hätte gerufen | würde rufen |
| du rufest | habest gerufen | werdest rufen |
| er rufe | habe gerufen | werde rufen |
| wir riefen | hätten gerufen | würden rufen |
| ihr rufet | habet (hättet) gerufen | würdet rufen |
| sie riefen | hätten gerufen | würden rufen |

*Gegenwart und Zukunft auch:*

| | |
|---|---|
| ich würde rufen | wir würden rufen |
| du würdest rufen | ihr würdet rufen |
| er würde rufen | sie würden rufen |

| PASSIV | | |
|---|---|---|
| ich **würde** gerufen | sei gerufen worden | **würde** gerufen werden |
| du werdest gerufen | seiest gerufen worden | werdest gerufen werden |
| er werde gerufen | sei gerufen worden | werde gerufen werden |
| wir **würden** gerufen | seien gerufen worden | **würden** gerufen werden |
| ihr **würdet** gerufen | seiet gerufen worden | **würdet** gerufen werden |
| sie **würden** gerufen | seien gerufen worden | **würden** gerufen werden |

| AKTIV | **'an\|rufen** (u — i — u) | | | trennbare starke Verben |

| INDIKATIV | | KONJUNKTIV | | IMPERATIV |
|---|---|---|---|---|

| *Präsens* | *Präteritum* | *Präsens* (*Konj. I*) | *Präteritum* (*Konj. II*) | |
|---|---|---|---|---|
| ich rufe an | rief an | rufe an | riefe an | |
| du rufst an | riefst an | rufest an | riefest an | rufe an, ruf an! |
| er ruft an | rief an | rufe an | riefe an | |
| wir rufen an | riefen an | rufen an | riefen an | rufen wir an! laßt |
| ihr ruft an | rieft an | rufet an | riefet an | uns anrufen! |
| sie rufen an | riefen an | rufen an | riefen an | ruft an! rufen Sie an! |

| **Infinitiv** | | **Partizip** | |
|---|---|---|---|
| *Präsens* | *Perfekt* | *Präsens* | *Perfekt* |
| anrufen | angerufen haben | anrufend | angerufen |

AKTIV  Zusammengesetzte Zeiten

| INDIKATIV | | KONJUNKTIV | |
|---|---|---|---|
| *Perfekt* | ich habe angerufen | habe angerufen | |
| *Plusquamperfekt* | ich hatte angerufen | hätte angerufen | |
| *Futur I* | ich werde anrufen | werde anrufen | *usw. wie* |
| *Futur II* | ich werde angerufen haben | werde angerufen haben | *rufen* |
| *Konditional I* | ich würde anrufen | — | |
| *Konditional II* | ich würde angerufen haben | — | |

PASSIV  INDIKATIV

| *Präsens* | ich werde angerufen | |
|---|---|---|
| *Präteritum* | ich wurde angerufen | |
| *Perfekt* | ich bin angerufen worden | *usw. wie gerufen werden* |
| *Plusquamperfekt* | ich war angerufen worden | |
| *Futur I* | ich werde angerufen werden | |
| *Futur II* | ich werde angerufen worden sein | |
| *Konditional I* | ich würde angerufen werden | |
| *Konditional II* | ich würde angerufen worden sein | |

KONJUNKTIV

| *Präsens* | ich werde angerufen | |
|---|---|---|
| *Präteritum* | ich würde angerufen | |
| *Perfekt* | ich sei angerufen worden | *usw. wie gerufen werden* |
| *Plusquamperfekt* | ich wäre angerufen worden | |
| *Futur I* | ich werde angerufen werden | |
| *Futur II* | ich werde angerufen worden sein | |
| *Konditional I* | ich würde angerufen werden | |
| *Konditional II* | ich würde angerufen worden sein | |

AKTIV

# nehmen (e — a — o)
(mit Umlaut im Konjunktiv Präteritum)

**Einfache Zeiten**

| INDIKATIV | | KONJUNKTIV | | IMPERATIV |
|---|---|---|---|---|
| *Präsens* | *Präteritum* | *Präsens (Konj. I)* | *Präteritum (Konj. II)* | |
| ich nehme | nahm | nehme | nähme | |
| du nimmst | nahmst | nehmest | nähmest | nimm! |
| er nimmt | nahm | nehme | nähme | |
| wir nehmen | nahmen | nehmen | nähmen | nehmen wir! laßt |
| ihr nehmt | nahmt | nehmet | nähmet | uns nehmen! |
| sie nehmen | nahmen | nehmen | nähmen | nehmt! nehmen Sie! |

| **Infinitiv** | | **Partizip** | |
|---|---|---|---|
| *Präsens* | *Perfekt* | *Präsens* | *Perfekt* |
| nehmen | genommen haben | nehmend | genommen |

INDIKATIV          **Zusammengesetzte Zeiten**

| *Perfekt* | *Plusquamperfekt* | *Futur I* | *Futur II* |
|---|---|---|---|
| ich habe genommen | hatte genommen | werde nehmen | werde genommen haben |
| du hast genommen | hattest genommen | wirst nehmen | wirst genommen haben |
| er hat genommen | hatte genommen | wird nehmen | wird genommen haben |
| wir haben genommen | hatten genommen | werden nehmen | werden genommen haben |
| ihr habt genommen | hattet genommen | werdet nehmen | werdet genommen haben |
| sie haben genommen | hatten genommen | werden nehmen | werden genommen haben |

| *Konditional I* | *Konditional II* |
|---|---|
| ich würde nehmen | würde genommen haben |
| du würdest nehmen | würdest genommen haben |
| er würde nehmen | würde genommen haben |
| wir würden nehmen | würden genommen haben |
| ihr würdet nehmen | würdet genommen haben |
| sie würden nehmen | würden genommen haben |

KONJUNKTIV

| *Perfekt (Konj. I + P. P.)* | *Plusquamperfekt (Konj. II + P. P.)* | *Futur I (Konj. I + Inf.)* | *Futur II (Konj. II + Inf. Perf.)* |
|---|---|---|---|
| ich habe genommen | hätte genommen | werde nehmen | werde genommen haben |
| du habest genommen | hättest genommen | werdest nehmen | werdest genommen haben |
| er habe genommen | hätte genommen | werde nehmen | werde genommen haben |
| wir haben genommen | hätten genommen | werden nehmen | werden genommen haben |
| ihr habet genommen | hättet genommen | werdet nehmen | werdet genommen haben |
| sie haben genommen | hätten genommen | werden nehmen | werden genommen haben |

PASSIV · **genommen werden**

INDIKATIV · KONJUNKTIV · IMPERATIV

| | INDIKATIV | KONJUNKTIV | IMPERATIV |
|---|---|---|---|
| *Präsens* | ich werde genommen | werde genommen | (werde) **sei** genommen! |
| *Präteritum* | ich wurde genommen | würde genommen | (werden wir) **seien wir** genommen! |
| | | | (werdet) **seid** genommen! |
| | | | (werden Sie) seien Sie genommen! |

**Infinitiv** | | **Partizip** |
| *Präsens* | *Perfekt* | *Nezessativ* | *Perfekt* |
| genommen **werden** | genommen **worden** sein | **zu** nehmend | genommen |

| | INDIKATIV | KONJUNKTIV |
|---|---|---|
| *Perfekt* | ich bin genommen worden | sei genommen worden |
| *Plusquamperfekt* | ich war genommen worden | wäre genommen worden |
| *Futur I* | ich werde genommen werden | werde genommen werden |
| *Futur II* | ich werde genommen worden sein | werde genommen worden sein |
| *Konditional I* | ich würde genommen werden | — |
| *Konditional II* | ich würde genommen worden sein | — |

ZUSTANDSPASSIV | **Infinitiv** genommen sein | **Partizip Perfekt** genommen gewesen sein

| | | |
|---|---|---|
| *Präsens* | ich bin genommen | sei genommen |
| *Präteritum* | ich war genommen | wäre genommen |
| *Perfekt* | ich bin genommen gewesen | sei genommen gewesen |
| *Plusquamperfekt* | ich war genommen gewesen | wäre genommen gewesen |
| *Futur I* | ich werde genommen sein | werde genommen sein |
| *Konditional I* | ich würde genommen sein | — |

**KONJUNKTIV DER INDIREKTEN REDE**

| AKTIV *Gegenwart* | *Vergangenheit* | *Zukunft* |
|---|---|---|
| **Man sagt,** | | |
| ich nähme | **hätte** genommen | **würde** nehmen |
| du nehmest | habest genommen | werdest nehmen |
| er nehme | habe genommen | werde nehmen |
| wir nähmen | **hätten** genommen | **würden** nehmen |
| ihr nehmet | habet (**hättet**) genommen | **würdet** nehmen |
| sie nähmen | **hätten** genommen | **würden** nehmen |
| *Gegenwart und Zukunft auch:* ich würde nehmen, du würdest nehmen *usw.* | | |

| PASSIV | | |
|---|---|---|
| ich **würde** genommen | sei genommen worden | **würde** genommen werden |
| | *usw. wie gelobt werden* | |

**Hilfsverben**

# sein

### Einfache Zeiten

| INDIKATIV | | KONJUNKTIV | | IMPERATIV |
|---|---|---|---|---|
| *Präsens* | *Präteritum* | *Präsens* (*Konj. I*) | *Präteritum* (*Konj. II*) | |
| ich bin | war | sei | wäre | |
| du bist | warst | sei(e)st | wärest | sei! |
| er ist | war | sei | wäre | seien wir! |
| wir sind | waren | seien | wären | laßt uns sein! |
| ihr seid | wart | seiet | wäret | seid! |
| sie sind | waren | seien | wären | seien Sie! |

| **Infinitiv** | | **Partizip** | |
|---|---|---|---|
| *Präsens* | *Perfekt* | *Präsens* | *Perfekt* |
| sein | gewesen sein | seiend | gewesen |

**INDIKATIV**      Zusammengesetzte Zeiten

| *Perfekt* | *Plusquamperfekt* | *Futur I* | *Futur II* |
|---|---|---|---|
| ich bin gewesen | war gewesen | werde sein | werde gewesen sein |
| du bist gewesen | warst gewesen | wirst sein | wirst gewesen sein |
| er ist gewesen | war gewesen | wird sein | wird gewesen sein |
| wir sind gewesen | waren gewesen | werden sein | werden gewesen sein |
| ihr seid gewesen | wart gewesen | werdet sein | werdet gewesen sein |
| sie sind gewesen | waren gewesen | werden sein | werden gewesen sein |

| *Konditional I* | *Konditional II* |
|---|---|
| ich würde sein | würde gewesen sein |
| du würdest sein | würdest gewesen sein |
| er würde sein | würde gewesen sein |
| wir würden sein | würden gewesen sein |
| ihr würdet sein | würdet gewesen sein |
| sie würden sein | würden gewesen sein |

**KONJUNKTIV**

| *Perfekt* (*Konj. I + P. P.*) | *Plusquamperfekt* (*Konj. II + P. P.*) | *Futur I* (*Konj. I + Inf.*) | *Futur II* (*Konj. I + Inf. Perf.*) |
|---|---|---|---|
| ich sei gewesen | wäre gewesen | werde sein | werde gewesen sein |
| du seiest gewesen | wärest gewesen | werdest sein | werdest gewesen sein |
| er sei gewesen | wäre gewesen | werde sein | werde gewesen sein |
| wir seien gewesen | wären gewesen | werden sein | werden gewesen sein |
| ihr seiet gewesen | wäret gewesen | werdet sein | werdet gewesen sein |
| sie seien gewesen | wären gewesen | werden sein | werden gewesen sein |

## KONJUNKTIV DER INDIREKTEN REDE

| *Gegenwart* | *Vergangenheit* | *Zukunft* |
|---|---|---|
| **Man sagt,** | | |
| ich sei | sei gewesen | **würde** sein |
| du seiest | seiest gewesen | werdest sein |
| er sei | sei gewesen | werde sein |
| wir seien | seien gewesen | **würden** sein |
| ihr seiet | seiet gewesen | **würdet** sein |
| sie seien | seien gewesen | **würden** sein |

## haben

### Einfache Zeiten

| INDIKATIV | | KONJUNKTIV | | IMPERATIV |
|---|---|---|---|---|
| *Präsens* | *Präteritum* | *Präsens* *(Konj. I)* | *Präteritum* *(Konj. II)* | |
| ich habe | hatte | habe | hätte | |
| du hast | hattest | habest | hättest | habe! hab! |
| er hat | hatte | habe | hätte | haben wir! laßt |
| wir haben | hatten | haben | hätten | uns haben! |
| ihr habt | hattet | habet | hättet | habt! haben Sie! |
| sie haben | hatten | haben | hätten | |

| **Infinitiv** | | **Partizip** | |
|---|---|---|---|
| *Präsens* | *Perfekt* | *Präsens* | *Perfekt* |
| haben | gehabt haben | habend | gehabt |

**INDIKATIV**  Zusammengesetzte Zeiten

| *Perfekt* | *Plusquamperfekt* | *Futur I* | *Futur II* |
|---|---|---|---|
| ich habe gehabt | hatte gehabt | werde haben | werde gehabt haben |
| du hast gehabt | hattest gehabt | wirst haben | wirst gehabt haben |
| er hat gehabt | hatte gehabt | wird haben | wird gehabt haben |
| wir haben gehabt | hatten gehabt | werden haben | werden gehabt haben |
| ihr habt gehabt | hattet gehabt | werdet haben | werdet gehabt haben |
| sie haben gehabt | hatten gehabt | werden haben | werden gehabt haben |

| *Konditional I* | *Konditional II* |
|---|---|
| ich würde haben | würde gehabt haben |
| du würdest haben | würdest gehabt haben |
| er würde haben | würde gehabt haben |
| wir würden haben | würden gehabt haben |
| ihr würdet haben | würdet gehabt haben |
| sie würden haben | würden gehabt haben |

## KONJUNKTIV

| Perfekt (Konj. I + P. P.) | Plusquamperfekt (Konj. II + P. P.) | Futur I (Konj. I + Inf.) | Futur II (Konj. I + Inf. Perf.) |
|---|---|---|---|
| ich habe gehabt | hätte gehabt | werde haben | werde gehabt haben |
| du habest gehabt | hättest gehabt | werdest haben | werdest gehabt haben |
| er habe gehabt | hätte gehabt | werde haben | werde gehabt haben |
| wir haben gehabt | hätten gehabt | werden haben | werden gehabt haben |
| ihr habet gehabt | hättet gehabt | werdet haben | werdet gehabt haben |
| sie haben gehabt | hätten gehabt | werden haben | werden gehabt haben |

### KONJUNKTIV DER INDIREKTEN REDE

| Gegenwart | Vergangenheit | Zukunft |
|---|---|---|
| **Man sagt,** | | |
| ich hätte | **hätte** gehabt | **würde** haben |
| du habest | habest gehabt | werdest haben |
| er habe | habe gehabt | werde haben |
| wir hätten | **hätten** gehabt | **würden** haben |
| ihr habet | habet (hättet) gehabt | **würdet** haben |
| sie hätten | **hätten** gehabt | **würden** haben |

## werden

### Einfache Zeiten

| INDIKATIV | | KONJUNKTIV | | IMPERATIV |
|---|---|---|---|---|
| Präsens | Präteritum | Präsens (Konj. I) | Präteritum (Konj. II) | |
| ich werde | wurde | werde | würde | |
| du wirst | wurdest (*poet.* wardst) | werdest | würdest | werde! |
| er wird | wurde (*poet.* ward) | werde | würde | |
| wir werden | wurden | werden | würden | werden wir! |
| ihr werdet | wurdet | werdet | würdet | laßt uns werden! |
| sie werden | wurden | werden | würden | werdet! werden Sie! |

| Infinitiv | | Partizip | |
|---|---|---|---|
| Präsens | Perfekt | Präsens | Perfekt |
| werden | geworden sein | werdend | geworden |

## Zusammengesetzte Zeiten

### INDIKATIV

| Perfekt | Plusquamperfekt | Futur I | Futur II |
|---|---|---|---|
| ich bin geworden | war geworden | werde werden | werde geworden sein |
| du bist geworden | warst geworden | wirst werden | wirst geworden sein |
| er ist geworden | war geworden | wird werden | wird geworden sein |
| wir sind geworden | waren geworden | werden werden | werden geworden sein |
| ihr seid geworden | wart geworden | werdet werden | werdet geworden sein |
| sie sind geworden | waren geworden | werden werden | werden geworden sein |

| Konditional I | Konditional II |
|---|---|
| ich würde werden | würde geworden sein |
| du würdest werden | würdest geworden sein |
| er würde werden | würde geworden sein |
| wir würden werden | würden geworden sein |
| ihr würdet werden | würdet geworden sein |
| sie würden werden | würden geworden sein |

### KONJUNKTIV

| Perfekt (Konj. I + P. P.) | Plusquamperfekt (Konj. II + P.P.) | Futur I (Konj. I + Inf.) | Futur II (Konj. I + Inf. Perf.) |
|---|---|---|---|
| ich sei geworden | wäre geworden | werde werden | werde geworden sein |
| du seiest geworden | wärest geworden | werdest werden | werdest geworden sein |
| er sei geworden | wäre geworden | werde werden | werde geworden sein |
| wir seien geworden | wären geworden | werden werden | werden geworden sein |
| ihr seiet geworden | wäret geworden | werdet werden | werdet geworden sein |
| sie seien geworden | wären geworden | werden werden | werden geworden sein |

### KONJUNKTIV DER INDIREKTEN REDE

| Gegenwart | Vergangenheit | Zukunft |
|---|---|---|
| **Man sagt,** | | |
| ich **würde** | sei geworden | **würde** werden |
| du werdest | seiest geworden | werdest werden |
| er werde | sei geworden | werde werden |
| wir **würden** | seien geworden | **würden** werden |
| ihr **würdet** | seiet geworden | **würdet** werden |
| sie **würden** | seien geworden | **würden** werden |

31

## Modalverben

| wollen | sollen | müssen | können | dürfen | mögen |
|--------|--------|--------|--------|--------|-------|

**INDIKATIV** — *Präsens*

| wollen | sollen | müssen | können | dürfen | mögen |
|--------|--------|--------|--------|--------|-------|
| ich will | soll | muß | kann | darf | mag |
| du willst | sollst | mußt | kannst | darfst | magst |
| er will | soll | muß | kann | darf | mag |
| wir wollen | sollen | müssen | können | dürfen | mögen |
| ihr wollt | sollt | müßt | könnt | dürft | mögt |
| sie wollen | sollen | müssen | können | dürfen | mögen |

**KONJUNKTIV I**

| ich wolle | solle | müsse | könne | dürfe | möge |
|--------|--------|--------|--------|--------|-------|
| du wollest | sollest | müssest | könnest | dürfest | mögest |
| er wolle | solle | müsse | könne | dürfe | möge |
| wir wollen | sollen | müssen | können | dürfen | mögen |
| ihr wollet | sollet | müsset | könnet | dürfet | möget |
| sie wollen | sollen | müssen | können | dürfen | mögen |

**INDIKATIV** — *Präteritum*

| ich wollte | sollte | mußte | konnte | durfte | mochte |
|--------|--------|--------|--------|--------|-------|
| du wolltest | solltest | mußtest | konntest | durftest | mochtest |
| er wollte | sollte | mußte | konnte | durfte | mochte |
| wir wollten | sollten | mußten | konnten | durften | mochten |
| ihr wolltet | solltet | mußtet | konntet | durftet | mochtet |
| sie wollten | sollten | mußten | konnten | durften | mochten |

**KONJUNKTIV II**

| ich wollte | sollte | müßte | könnte | dürfte | möchte |
|--------|--------|--------|--------|--------|-------|
| du wolltest | solltest | müßtest | könntest | dürftest | möchtest |
| er wollte | sollte | müßte | könnte | dürfte | möchte |
| wir wollten | sollten | müßten | könnten | dürften | möchten |
| ihr wolltet | solltet | müßtet | könntet | dürftet | möchtet |
| sie wollten | sollten | müßten | könnten | dürften | möchten |

**IMPERATIV** nicht gebräuchlich; nur von **mögen** wird ein Imperativ mit den Formen des Konj. I gebildet:

> mögest du (möget ihr, mögen Sie) *z. B. gesund bleiben*

| Infinitiv | | Partizip | |
|-----------|--|----------|--|
| *Präsens* | *Perfekt* | *Präsens* | *Perfekt* |
| wollen | gewollt haben | wollend | gewollt |
| sollen | gesollt haben | sollend | gesollt |
| müssen | gemußt haben | müssend | gemußt |
| können | gekonnt haben | könnend | gekonnt |
| dürfen | gedurft haben | dürfend | gedurft |
| mögen | gemocht haben | mögend | gemocht |

## Zusammengesetzte Zeiten

| als selbständige Verben | mit einem anderen Verb im Infinitiv |
|---|---|
| *Perfekt* ||
| ich habe [es] gewollt | ich habe [lesen] wollen |
| ich habe [es] gesollt | ich habe [lesen] sollen |
| ich habe [es] gemußt | ich habe [lesen] müssen |
| ich habe [es] gekonnt | ich habe [lesen] können |
| ich habe [es] gedurft | ich habe [lesen] dürfen |
| ich habe [es] gemocht | ich habe [lesen] mögen |
| *Plusquamperfekt* ||
| ich hatte [es] gewollt | ich hatte [lesen] wollen |
| ich hatte [es] gesollt | ich hatte [lesen] sollen |
| ich hatte [es] gemußt | ich hatte [lesen] müssen |
| ich hatte [es] gekonnt | ich hatte [lesen] können |
| ich hatte [es] gedurft | ich hatte [lesen] dürfen |
| ich hatte [es] gemocht | ich hatte [lesen] mögen |
| *Futur I* ||
| ich werde [es] wollen | ich werde [lesen] wollen |
| — | ich werde [lesen] sollen |
| ich werde [es] müssen | ich werde [lesen] müssen |
| ich werde [es] können | ich werde [lesen] können |
| ich werde [es] dürfen | ich werde [lesen] dürfen |
| ich werde [es] mögen | — |
| *Futur II* ||
| ich werde [es] gewollt haben | ich werde haben [lesen] wollen |
| ich werde [es] gesollt haben | — |
| — | ich werde haben [lesen] müssen |
| ich werde [es] gekonnt haben | ich werde haben [lesen] können |
| ich werde [es] gedurft haben | ich werde haben [lesen] dürfen |
| ich werde [es] gemocht haben | ich werde haben [lesen] mögen |
| *Konditional I* ||
| ich würde [es] wollen | ich würde [lesen] wollen |
| — | — |
| ich würde [es] müssen | ich würde [lesen] müssen |
| ich würde [es] können | ich würde [lesen] können |
| ich würde [es] dürfen | ich würde [lesen] dürfen |
| ich würde [es] mögen | ich würde [lesen] mögen |
| *Konditional II* ||
| ich würde [es] gewollt haben | ich würde haben [lesen] wollen |
| — | — |
| ich würde [es] gemußt haben | ich würde haben [lesen] müssen |
| ich würde [es] gekonnt haben | ich würde haben [lesen] können |
| ich würde [es] gedurft haben | ich würde haben [lesen] dürfen |
| ich würde [es] gemocht haben | ich würde haben [lesen] mögen |

# Ablautreihen

Nach den Vokalen in drei Verbformen unterscheidet man drei Gruppen:

| | **Präsens** | **Präteritum** | **Partizip** | |
|---|---|---|---|---|
| a) drei verschiedene Vokale: | | | | |
| | nehmen | nahm | genommen | 1–2–3 |
| b) der Vokal im Präteritum ist gleich dem Vokal im Partizip: | | | | |
| | bleiben | blieb | geblieben | 1–2–2 |
| c) der Vokal im Präsens ist gleich dem Vokal im Partizip: | | | | |
| | rufen | rief | gerufen | 1–2–1 |

### Ablautreihe nach dem Muster 1–2–3

| **1** | | **2** | | **3** |
|---|---|---|---|---|
| **e (ä)** | | **a** | | **o** |
| gebären | sie gebärt (gebiert) gebär(e)! (gebier!) | gebar | gebäre | geboren |
| befehlen | er befiehlt befiehl! | befahl | beföhle (befähle) | befohlen |
| empfehlen | er empfiehlt empfiehl! | empfahl | empföhle (empfähle) | empfohlen |
| stehlen | er stiehlt stiehl! | stahl | stöhle (stähle) | gestohlen |
| nehmen | er nimmt nimm! | nahm | nähme | genommen |
| brechen | er bricht brich! | brach | bräche | gebrochen *v/i Das Eis ist gebrochen* |
| sprechen | er spricht sprich! | sprach | spräche | gesprochen |
| stechen | er sticht stich! | stach | stäche | gestochen |
| gelten | er gilt (gilt!) | galt | gölte (gälte) | gegolten |
| schelten | er schilt schilt! | schalt | schölte | gescholten |
| verderben | er verdirbt verdirb! | verdarb | verdürbe | verdorben *v/i ist verdorben* |
| werben | er wirbt wirb! | warb | würbe | geworben |
| sterben | er stirbt stirb! | starb | stürbe | **ist** gestorben |
| helfen | er hilft hilf! | half | hülfe (hälfe) | geholfen |
| treffen | er trifft triff! | traf | träfe | getroffen |

| | | | | |
|---|---|---|---|---|
| bergen | er birgt<br>birg! | barg | bärge | geborgen |
| bersten | er birst, du birst<br>birst! | barst<br>barstest | bärste | ist geborsten |
| erschrecken | er erschrickt<br>erschrick! | erschrak | erschräke | ist erschrocken |
| werfen | er wirft<br>wirf! | warf | würfe | geworfen |

| ä | | i | | a |
|---|---|---|---|---|
| hängen | er hängt<br>häng(e)! | hing | | gehangen |

| e | | i | | a |
|---|---|---|---|---|
| gehen | er geht<br>geh(e)! | ging | ginge | gegangen |

| i | | a | | o |
|---|---|---|---|---|
| beginnen | er beginnt<br>beginn(e)! | begann | begönne<br>(begänne) | begonnen |
| gewinnen | er gewinnt<br>gewinn(e)! | gewann | gewönne<br>(gewänne) | gewonnen |
| rinnen | er rinnt<br>rinn(e)! | rann | ränne<br>(rönne) | ist geronnen |
| sinnen | er sinnt<br>sinn(e)! | sann | sänne<br>(sönne) | gesonnen |
| spinnen | er spinnt<br>spinn(e)! | spann | spönne<br>(spänne) | gesponnen |
| schwimmen | er schwimmt<br>schwimm(e)! | schwamm | schwömme<br>(schwämme) | hat, ist geschwommen |

| i | | a | | u |
|---|---|---|---|---|
| binden | er bindet<br>bind(e)! | band<br>bandest | bände | gebunden |
| finden | er findet<br>find(e)! | fand<br>fandest | fände<br>fändest | gefunden |
| winden | er windet<br>winde! | wand<br>wandest | wände<br>wändest | gewunden |
| schwinden | er schwindet<br>schwind(e)! | schwand<br>schwand(e)st | schwände<br>schwändest | ist geschwunden |
| dringen | er dringt<br>dring(e)! | drang | dränge | gedrungen<br>*v/i ist gedrungen* |
| dingen | er dingt<br>ding(e)! | (dang)<br>dingte | (dänge)<br>dingte | gedungen<br>(gedingt) |
| gelingen | es gelingt<br>geling(e)! | gelang | gelänge | ist gelungen |

| klingen | es klingt | klang | klänge | geklungen |
|---|---|---|---|---|
| | kling(e)! | | | |
| mißlingen | es mißlingt | mißlang | mißlänge | ist mißlungen |
| ringen | er ringt | rang | ränge | gerungen |
| | ring(e)! | | | |
| singen | er singt | sang | sänge | gesungen |
| | sing(e)! | | | |
| springen | er springt | sprang | spränge | ist gesprungen |
| | spring(e)! | | | |
| schlingen | er schlingt | schlang | schlänge | geschlungen |
| | schling(e)! | | | |
| schwingen | er schwingt | schwang | schwänge | geschwungen |
| | schwing(e)! | | | |
| sinken | er sinkt | sank | sänke | ist gesunken |
| | sink(e)! | | | |
| stinken | er stinkt | stank | stänke | gestunken |
| | stink(e)! | | | |
| trinken | er trinkt | trank | tränke | getrunken |
| | trink(e)! | | | |
| wringen | er wringt | wrang | wränge | gewrungen |
| | wring(e)! | | | |
| zwingen | er zwingt | zwang | zwänge | gezwungen |
| | zwing(e)! | | | |

| i | | a | | e |
|---|---|---|---|---|
| bitten | er bittet | bat | bäte | gebeten |
| | bitte! | | | |
| sitzen | er sitzt | saß | säße | gesessen [ɛ] |
| | du sitzt (sitzest) | saßest | | |
| | sitz(e)! | | | |

| ie | | a | | e |
|---|---|---|---|---|
| liegen | er liegt | lag | läge | gelegen |
| | lieg(e)! | | | |

## Ablautreihe 1-2-2

| ä | | o | | o |
|---|---|---|---|---|
| gären | er gärt | gor | göre | hat *od.* ist gegoren |
| | gär(e)! | (gärte) | (gärte) | |
| erwägen | er erwägt | erwog | erwöge | erwogen |
| | erwäg(e)! | | | |

| au | | o | | o |
|---|---|---|---|---|
| saufen | er säuft | soff | söffe | gesoffen |
| | sauf(e)! | | | |

| saugen | er saugt | sog | söge | gesogen |
|---|---|---|---|---|
| | saug(e)! | (saugte) | | (gesaugt) |
| schnauben | er schnaubt | schnaubte | schnaubte | geschnaubt |
| | schnaub(e)! | (schnob) | (schnöbe) | (geschnoben [o:]) |

| e | | a | a | |
|---|---|---|---|---|
| stehen | er steht | stand | stünde, stände | gestanden |
| | steh(e)! | | | |

| e | | o | | o |
|---|---|---|---|---|
| bewegen | er bewegt | bewog | bewöge | bewogen |
| | beweg(e)! | | | |
| pflegen | er pflegt | (pflog) | (pflöge) | (gepflogen) |
| | pfleg(e)! | pflegte | pflegte | gepflegt |
| scheren | er schert | schor | schöre | geschoren |
| | scher(e)! | (scherte) | (scherte) | (geschert) |
| heben | er hebt | hob | höbe | gehoben |
| | heb(e)! | | | |
| weben | er webt | webte | webte | gewebt |
| | web(e)! | *fig.* wob | *fig.* wöbe | *fig.* gewoben |

| e | | o | | o |
|---|---|---|---|---|
| dreschen | er drischt | drosch | drösche | gedroschen |
| | du drischst | (drasch) | | |
| | drisch! | | | |
| fechten | er ficht | focht | föchte | gefochten |
| | ficht! | du focht(e)st | | |
| flechten | er flicht | flocht | flöchte | geflochten |
| | flicht! | du flochtest | | |
| melken | er melkt (milkt) | (molk) | (mölke) | gemolken |
| | melk(e)! (milk!) | melkte | melkte | (gemelkt) |
| quellen | er quillt | quoll | quölle | gequollen |
| | quill! | | | |
| schmelzen | er schmilzt | schmolz | schmölze | geschmolzen |
| | schmilz! | | | |
| schwellen | er schwillt | schwoll | schwölle | geschwollen |
| | schwill! | | | |

| ei | | i | | i |
|---|---|---|---|---|
| beißen | er beißt | biß | bisse | gebissen |
| | du beißt (beißest) | bissest | | |
| | beiß(e)! | | | |
| bleichen | er bleicht | blich | bliche | ist geblichen |
| | bleich(e)! | | | |
| gleichen | er gleicht | glich | gliche | geglichen |
| | gleich(e)! | | | |

37

| gleiten | er gleitet gleit(e)! | glitt | glitte | ist geglitten |
| greifen | er greift greif(e)! | griff | griffe | gegriffen |
| kneifen | er kneift kneif(e)! | kniff | kniffe | gekniffen |
| leiden | er leidet du leidest leid(e)! | litt littst, littest | litte | gelitten |
| pfeifen | er pfeift pfeif(e)! | pfiff | pfiffe | gepfiffen |
| reißen | er reißt du reißt (reißest) reiß(e)! | riß rissest | risse | gerissen |
| reiten | er reitet du reitest reit(e)! | ritt rittst, rittest | ritte | ist geritten |
| scheißen | er scheißt du scheißt scheiß(e)! | schiß schissest | schisse | geschissen |
| schleichen | er schleicht schleich(e)! | schlich | schliche | ist geschlichen |
| schleifen | er schleift schleif(e)! | schliff | schliffe | geschliffen |
| schleißen | er schleißt du schleißt, schleißest schleiß(e)! | schliß schlissest | schlisse | geschlissen |
| schmeißen | er schmeißt du schmeißt, schmeißest schmeiß(e)! | schmiß schmissest | schmisse | geschmissen |
| schneiden | er schneidet schneid(e)! | schnitt | schnitte | geschnitten |
| schreiten | er schreitet schreit(e)! | schritt | schritte | geschritten |
| spleißen | er spleißt du spleißt, spleißest spleiß(e)! | spliß splissest | splisse | gesplissen |
| streichen | er streicht streich(e)! | strich | striche | gestrichen *v/i* **ist gestrichen** |
| streiten | er streitet streit(e)! | stritt | stritte | gestritten |
| weichen | er weicht weich(e)! | wich | wiche | ist gewichen |

| ei | | ie | | ie |
|---|---|---|---|---|
| bleiben | er bleibt | blieb | bliebe | geblieben |
| | bleib(e)! | | | |
| gedeihen | er gedeiht | gedieh | gediehe | gediehen |
| | gedeih(e)! | | | |
| leihen | er leiht | lieh | liehe | geliehen |
| | leih(e)! | | | |
| meiden | er meidet | mied | miede | gemieden |
| | du meidest | miedest, miedst | | |
| | meid(e)! | | | |
| preisen | er preist | pries | priese | gepriesen |
| | du preist (preisest) | priesest | | |
| | preis(e)! | | | |
| reiben | er reibt | rieb | riebe | gerieben |
| | reib(e)! | | | |
| scheiden | er scheidet | schied | schiede | ist geschieden |
| | du scheidest | schiedest | | |
| | scheid(e)! | (schiedst) | | |
| scheinen | er scheint | schien | schiene | geschienen |
| | schein(e)! | | | |
| schreien | er schreit | schrie | schriee | geschrie(e)n |
| | du schreist | schriest | | |
| | schrei(e)! | schrieest | | |
| schreiben | er schreibt | schrieb | schriebe | geschrieben |
| | schreib(e)! | | | |
| schweigen | er schweigt | schwieg | schwiege | geschwiegen |
| | schweig(e)! | | | |
| speien | er speit | spie | spiee | gespie(e)n |
| | du speist | spiest | | |
| | spei(e)! | spieest | | |
| steigen | er steigt | stieg | stiege | ist gestiegen |
| | steig(e)! | | | |
| treiben | er treibt | trieb | triebe | getrieben |
| | treib(e)! | | | *v/i* **ist** *getrieben* |
| weisen | er weist | wies | wiese | gewiesen |
| | du weist (weisest) | wiesest | wiesest | |
| | weis(e)! | | | |
| zeihen | er zeiht | zieh | ziehe | geziehen |
| | du zeihst | zieh(e)st | ziehest | |
| | zeih(e)! | | | |

| ie | | o [o:] | | o [o:] |
|---|---|---|---|---|
| biegen | er biegt | bog | böge | gebogen |
| | bieg(e)! | | | |

| bieten | er bietet | bot | böte | geboten |
| | biet(e)! | | | |
| erkiesen | er erkiest | erkor | erköre | erkoren |
| | du erkiesest | | | |
| | erkies(e)! | | | |
| fliegen | er fliegt | flog | flöge | ist geflogen |
| | flieg(e)! | | | v/i hat (mich) geflogen |
| fliehen | er flieht | floh | flöhe | ist geflohen |
| | flieh(e)! | | | v/i hat (mich) geflohen |
| frieren | er friert | fror | fröre | gefroren |
| | frier(e)! | | | |
| schieben | er schiebt | schob | schöbe | geschoben |
| | schieb(e)! | | | |
| stieben | er stiebt | stob | stöbe | ist od. hat gestoben |
| | stieb(e)! | | | |
| verlieren | er verliert | verlor | verlöre | verloren |
| | verlier(e)! | | | |
| wiegen | er wiegt | wog | wöge | gewogen |
| | wieg(e)! | | | |
| ziehen | er zieht | zog | zöge | gezogen |
| | zieh(e)! | | | v/i ist gezogen |

| ie | | o [ɔ] | | o [ɔ] |
|---|---|---|---|---|
| fließen | er fließt | floß | flösse | ist geflossen |
| | du fließt (fließest) | flossest | | |
| | fließ(e)! | | | |
| genießen | er genießt | genoß | genösse | genossen |
| | du genießt, | genossest | | |
| | (genießest) | | | |
| | genieß(e)! | | | |
| gießen | er gießt | goß | gösse | gegossen |
| | du gießt (gießest) | gossest | | |
| | gieß(e)! | | | |
| kriechen | er kriecht | kroch | kröche | gekrochen |
| | kriech(e)! | | | |
| riechen | er riecht | roch | röche | gerochen |
| | riech(e)! | | | |
| schießen | er schießt | schoß | schösse | geschossen |
| | du schießt, | schossest | | v/i ist geschossen |
| | (schießest) | | | |
| | schieß(e)! | | | |
| schließen | er schließt | schloß | schlösse | geschlossen |
| | du schließt, | schlossest | | |
| | (schließest) | | | |
| | schließ(e)! | | | |

| sprießen | er sprießt | sproß | sprösse | ist gesprossen |
| | du sprießt, | sprossest | | |
| | (sprießest) | | | |
| | sprieß(e)! | | | |
| triefen | er trieft | troff | tröffe | (getroffen) |
| | trief(e)! | | | getrieft |
| verdrießen | es verdrießt mich | verdroß | verdrösse | verdrossen |
| glimmen | er glimmt | glomm | glömme | geglommen |
| | glimm(e)! | | | |
| klimmen | er klimmt | klomm | klömme | geklommen |
| | klimm(e)! | | | |

| **i** | | **u** | | **u** |
| schinden | er schindet | (schund) | (schünde) | geschunden |
| | schind(e)! | schindete | schindete | |

| **ie** | | **o** | | **o** |
| sieden | er siedet | sott, | sötte, | gesotten |
| | sied(e)! | siedete | siedete | |

| **ö** | | **o** | | **o** |
| löschen | er lischt | losch | lösche | ist (geloschen) |
| | du lisch(e)st | losch(e)st | | erloschen |
| | lisch! | | | verloschen |
| schwören | er schwört | schwor | schwüre | geschworen |
| | schwör(e)! | | | |

| **u** | | **a** | | **a** |
| tun | ich tu(e)    wir tun | tat | täte | getan |
| | du tust    ihr tut | du tat(e)st | | |
| | er tut    sie tun | | | |
| | tuend    tu(e)! | | | |

| **ü** | | **o** | | **o** |
| lügen | er lügt | log | löge | gelogen |
| | lüg(e)! | | | |
| trügen | er trügt | trog | tröge | getrogen |
| | trüg(e)! | | | |

41

## Ablautreihen 1–2–1

| a | | i | | a |
|---|---|---|---|---|
| blasen | er bläst | blies | bliese | geblasen |
| | du bläst (bläsest) | bliesest | | |
| | blas(e)! | | | |
| braten | er brät | briet | briete | gebraten |
| | du brätst | briet(e)st | | |
| | brat(e)! | | | |
| raten | er rät | riet | riete | geraten |
| | du rätst | riet(e)st | | |
| | rat(e)! | | | |
| geraten | er gerät | geriet | geriete | geraten |
| | du gerätst | geriet(e)st | | |
| | gerat(e)! | | | |
| schlafen | er schläft | schlief | schliefe | geschlafen |
| | schlaf(e)! | | | |
| fallen | er fällt | fiel | fiele | gefallen |
| | fall(e)! | | | |
| halten | er hält | hielt | hielte | gehalten |
| | du hältst | hielt(e)st | | |
| | halt(e)! | | | |
| lassen | er läßt | ließ | ließe | gelassen |
| | du läßt (lässest) | | | |
| | laß! lasse! | | | |

> Infinitiv + lassen
> s. Modalverben (*er* hat
> *mich kommen* lassen)

| | | | | |
|---|---|---|---|---|
| fangen | er fängt | fing | finge | gefangen |
| | fang(e)! | | | |

---

| a | | o | o | o |
|---|---|---|---|---|
| schallen | er schallt | (scholl) | (schölle) | (geschollen) |
| | schall(e)! | schallte | schallte | geschallt |

---

| a | | u | | a |
|---|---|---|---|---|
| backen | er bäckt, backt | (buk) | (büke) | gebacken |
| | back(e)! | backte | backte | |
| fahren | er fährt | fuhr | führe | gefahren |
| | fahr(e)! | | | *v/t* hat (*mich*) *gefahren* |
| graben | er gräbt | grub | grübe | gegraben |
| | grab(e)! | | | |
| laden | er lädt (ladet) | lud | lüde | geladen |
| | du lädst (ladest) | lud(e)st | | |
| | lad(e)! | | | |
| schaffen | er schafft | schuf | schüfe | geschaffen |
| | schaff(e)! | | | |

| schlagen | er schlägt schlag(e)! | schlug | schlüge | geschlagen |
|---|---|---|---|---|
| tragen | er trägt trag(e)! | trug | trüge | getragen |
| wachsen | er wächst du wächst (wächsest) wachs(e)! | wuchs [uː] wuchsest | wüchse | gewachsen |
| waschen | er wäscht du wäschst (wäschest) wasch(e)! | wusch [uː] wuschest | wüsche | gewaschen |

| **ä** | | **i** | **a** | |
|---|---|---|---|---|
| hängen (hangen) | er hängt häng(e)! | hing | hinge | gehangen |

| **au** | | **ie** | | **au** |
|---|---|---|---|---|
| laufen | er läuft lauf(e)! | lief | liefe | gelaufen |
| hauen | er haut hau(e)! | (hieb) haute | (hiebe) | gehauen |

| **e [ɛ]** | | | **a** | **e** |
|---|---|---|---|---|
| essen | ich esse wir essen du ißt ihr eßt (issest) sie essen er ißt iß! | er aß du aßest | äße | gegessen |
| fressen | ich fresse wir fressen du frißt ihr freßt (frissest) sie fressen er frißt friß! | er fraß du fraßest | fräße | gefressen |
| messen | ich messe wir messen du mißt ihr meßt (missest) sie messen er mißt miß! | er maß du maßest | mäße | gemessen |
| vergessen | er vergißt du vergißt (vergissest) vergiß! | vergaß vergaßest | vergäße | vergessen |
| stecken | er steckt steck(e)! | (stak) steckte | (stäke) steckte | gesteckt |

| e [eː] | | a | | e |
|---|---|---|---|---|
| geben | er gibt | gab | gäbe | gegeben |
| | gib! | | | |
| genesen | er genest | genas | genäse | genesen |
| | du genest (genesest) | | | |
| | genese! | | | |
| geschehen | es geschieht | geschah | geschähe | ist geschehen |
| sehen | er sieht | sah | sähe | gesehen |
| | sieh(e)! | | | |
| treten | er tritt | trat | träte | getreten |
| | du trittst | tratst, tratest | | |
| | tritt! | | | |
| lesen | er liest | las | läse | gelesen |
| | du liest (liesest) | | | |
| | lies! | | | |

| ei | | ie | | ei |
|---|---|---|---|---|
| heißen | er heißt | hieß | hieße | geheißen |
| | du heißt (heißest) | hießest | | |
| | heiß(e)! | | | |

| o | | a | | o |
|---|---|---|---|---|
| kommen | er kommt | kam | käme | gekommen |
| | komm(e)! | | | |

| o | | ie | | o |
|---|---|---|---|---|
| stoßen | er stößt | stieß | stieße | gestoßen |
| | du stößt (stößest) | stießest | | v/i ist *gestoßen* |
| | stoß(e)! | | | |

| u | | ie | | u |
|---|---|---|---|---|
| rufen | er ruft | rief | riefe | gerufen |
| | ruf(e)! | | | |

# Gemischte Verben — Ablautreihe 1–2–2

| e | | a | | a |
|---|---|---|---|---|
| kennen | er kennt<br>kenn(e)! | kannte | kennte | gekannt |
| brennen | er brennt<br>brenn(e)! | brannte | brennte | gebrannt |
| nennen | er nennt<br>nenn(e)! | nannte | nennte | genannt |
| rennen | er rennt<br>renn(e)! | rannte | rennte | gerannt |
| senden | er sendet<br>send(e)! | sandte<br>sendete | sendete | gesandt<br>gesendet |
| wenden | er wendet<br>wende! | wandte<br>wendete | wendete | gewendet<br>gewandt |
| denken | er denkt<br>denk(e)! | dachte | dächte | gedacht |

| i | | a | | a |
|---|---|---|---|---|
| bringen | er bringt<br>bring(e)! | brachte | brächte | gebracht |

| i | | u | | u |
|---|---|---|---|---|
| wissen | ich weiß  wir wissen<br>du weißt  ihr wißt<br>er weiß  sie wissen<br>wisse! | wußte | wüßte | gewußt |

| u | | eu | | eu |
|---|---|---|---|---|
| dünken | es dünkt mich (mir)<br>es deucht mich (mir) | deuchte<br>dünkte | deuchte<br>dünkte | gedeucht<br>gedünkt |

*Endungen wie bei den
schwachen Verben, z. B.*

| | |
|---|---|
| lobte | lobte |
| lobtest | lobtest *usw.* |

*oder:*

| | |
|---|---|
| redete | redete |
| | *usw.* |

# Liste der wichtigsten Verben mit Rektionen

## A

aalen: sich *(A)*
mst. in *D*    14

aasen mit *D*    16

'ab|arbeiten *A;*
sich *(A)* ~    15

'ab|bauen *A; a. v/i*    10

'ab|bekommen *A*
*(P. P.* 'ab-
bekommen)    44, 26

'ab|berufen *A* von *D*
*(P. P.* 'abberufen)    25

'ab|bestellen *A*
*(P. P.* 'abbestellt)    10

'ab|bezahlen *A*
*(P. P.* 'abbezahlt)    10

'ab|bilden *A*    15

'ab|blenden *A*    15

'ab|brechen *A;*
*v/i* (sein)    34, 26

'ab|brennen *A;*
*v/i* (sein)    45

'ab|bringen j-n von *D*    45

'ab|drehen *A*    10

'ab|drucken *A*    10

'ab|erkennen j-m etw.
*(P.P.* 'aberkannt)    45

'ab|fahren *A; v/i*
(sein)    42, 26

'ab|fallen *v/i* (sein)    42, 25

'ab|fangen *A*    42, 25

'ab|fassen *A*    17

'ab|fertigen *A*    10

'ab|fliegen *v/i* (sein)    40, 26

'ab|fragen *A;* j-m etw.    10

'ab|führen *A*    10

'ab|geben *A;* sich *(A)*
mit *D*    44, 26

'ab|gehen *v/i* (sein)    35, 25

'ab|gewöhnen j-m etw.;
sich *(D)* etw. ~
*(P.P.* 'abgewöhnt)    10

'ab|gucken j-m etw.    10

'ab|halten *A;* j-n von
*D*    42, 25

'ab|hängen von *D;*
*A*    6; 35, 25

'ab|härten *A;* sich *(A)* ~
gegen *A*    15

'ab|helfen *D*    34, 26

'ab|holen *A: mst.* von *D* 10

'ab|hören j-m etw. *od.*
j-n; *A*    10

'ab|kaufen j-m etw.    10

'ab|klappern *A*    19

'ab|kommen (sein)
von *D*    44, 26

'ab|kürzen *A*    17

'ab|laden *A*    42, 26

'ab|lassen *A;* von *D* 42, 25

'ab|laufen *v/i* (sein);
*A*    43, 25

'ab|legen *A*    10

'ab|lehnen *A*    10

'ab|lenken *A;* j-n von *D* 10

'ab|leugnen *A*    19

'ab|liefern (j-m) etw.    19

'ab|machen *A*    10

'ab|melden j-n von *D*,
bei *D;* sich *(A)* ~    15

'ab|nehmen *A;* j-m etw. 26

'ab|nutzen *A*    17

abonnieren *A*    20

'ab|ordnen j-n zu *D*    19

'ab|raten j-m von *D* 42, 25

'ab|rechnen *A; v/i*    19

'ab|reisen *v/i* (sein)    16

'ab|reißen *A; v/i*
(sein)    38, 25

'ab|rüsten *v/i*    15

'ab|sagen *A*    10

'ab|schaffen *A*    10

'ab|schalten *A*    15

'ab|schicken *A*    10

'ab|schießen *A*    40, 26

'ab|schirmen *A* gegen *A* 10

'ab|schlagen *A*    43, 26

'ab|schließen *A;* sich *(A)*
~ von *D;* gegen *A* 40, 26

'ab|schneiden *A*    38, 25

'ab|schreiben *A*    39, 25

'ab|schwächen *A;* sich
*(A)* ~    10

'ab|schweifen von *D*
(sein)    12

'ab|schwellen *v/i*
(sein)    37, 26

'ab|sehen etw. von *D* 44, 26

'ab|senden *A*    45

'ab|setzen *A;* sich *(A)* ~ 17

'ab|sperren *A;* sich *(A)*
~ von *D*    10

'ab|spielen *A;* sich *(A)*
~    10

'ab|sprechen j-m etw.;
*A*    34, 26

'ab|stammen von *D*    10

'ab|stechen *A; v/i*
gegen *A*, von *D* 34, 26

'ab|steigen *v/i* (sein)
von *D;* in, bei *D* 39, 25

'ab|stellen *A*    10

'ab|stimmen über *A*    10

'ab|stoßen *A*    44, 26

'ab|streiten *A*    38, 25

'ab|stürzen *v/i* (sein)    17

'ab|tragen *A*    43, 26

'ab|treiben *A; v/i*
(sein)    39, 25

'ab|trennen *A*    10

'ab|treten j-m, an j-n
etw.; *v/i* (sein)    44, 26

'ab|trocknen *A;* sich
*(A)* ~; *v/i* (sein)    19

'ab|wandern *v/i* (sein)    15

'ab|warten *A*    15

'ab|waschen *A*    43, 26

'ab|wechseln *v/i;* sich
*(A)* ~    18

'ab|weichen *v/i* (sein)
von *D*    38, 25

'ab|werten *A*    15

'ab|wickeln *A*    18

'ab|zahlen *A*    10

'ab|zeichnen *A;* sich
*(A)* ~    15

'ab|ziehen *A; v/i*
(sein)    40, 26

achten A; auf A 15
'acht|geben auf A 44, 26
ächzen v/i 17
addieren A 20
adressieren etw. an A 20
ahnden A 15
ähneln D 18
ahnen A 6
altern v/i (sein) 19
amüsieren j-n; sich (A)
~ über A 20
'an|bauen A 10
'an|beraumen A
(P.P. 'anberaumt) 10
'an|beten A 15
'an|bieten j-m etw. 40, 26
'an|binden etw. an A 35, 26
'an|blicken A 10
'an|brechen A; v/i
(sein) 34, 26
ändern A; sich (A) ~ 19
'an|deuten A 15
'an|drehen A; j-m etw. 10
'an|eignen; sich (D)
etw. ~ 19
'an|erkennen A (als A)
(P. P. 'anerkannt) 45
'an|fahren A; v/i
(sein) 42, 26
'an|fallen j-n; v/i
(sein) 42, 25
'an|fangen A od. ~
mit D 42, 25
'an|fassen A 17
'an|fechten A 37, 25
'an|fertigen A 10
'an|geben j-m etw.; A 44, 26
'an|gehen j-n um
(mst. sein); v/i
(sein) 35, 25
'an|gehören D
(P.P. 'angehört) 10
angeln A 18
'an|gewöhnen j-m etw.;
sich (D) etw. ~
(P.P. 'angewöhnt) 10
'an|gleichen A, D 37, 25
'an|greifen A 38, 25
ängstigen A; sich (A)
~ um A 6

'an|haben A 29
'an|haften A 15
'an|halten A 42, 25
'an|häufen A; sich
(A) ~ 10
'an|heben A 37, 26
'an|hören A 10
'an|klagen j-n G od.
wegen G (vor D) 10
'an|kleiden A; sich
(A) ~ 15
'an|klopfen v/i an A 10
'an|knipsen A 16
'an|knüpfen A; an A 10
'an|kommen in D 44, 26
'an|kreuzen A 17
'an|kündigen j-m etw. 10
'an|langen v/i (sein) 10
'an|legen A; j-m etw.;
an D 10
'an|lehnen etw. an A;
sich (A) ~ an A 10
'an|lernen A 10
'an|machen A 10
'an|maßen: sich (D)
etw. ~ 17
'an|melden A; sich (A)
~ in D, bei D 15
'an|merken A; j-m etw. 10
'an|nähen etw. an A 10
'an|nehmen A; sich
(A) – G ~ 26
'an|ordnen A 19
'an|passen A-D; sich
(A) – D ~ 17
'an|probieren A 20
'an|rechnen A 19
'an|reden 15
'an|regen A; j-n zu D 10
'an|reizen A zu D 17
'an|richten A 15
'an|rufen A 25
'an|rühren A 10
'an|sagen A 10
'an|schaffen A; sich
(D) etw. ~ 10
'an|schalten A 15
'an|schauen A; sich
(D) etw. ~ 10

'an|schicken: sich (A)
~, zu + Inf. 10
'an|schlagen A; v/i es
schlägt an 43, 26
'an|schließen A; sich (A)
j-m od. an j-n ~ 40, 26
'an|schneiden A 38, 25
'an|schreiben A 39, 25
'an|schreien A 39, 25
'an|schwellen v/i
(sein) 37, 26
'an|sehen A; j-m etw.;
sich (D) etw. (A) ~ 44, 26
'an|setzen A; v/i (zu D) 17
'an|spannen A 10
'an|sprechen A 34, 26
'an|starren A 10
'an|stecken (j-m) etw.;
j-n mit D 10
'an|stehen v/i (D) 37, 26
'an|steigen v/i (sein) 39, 25
'an|stellen A; sich
(A) ~ 10
'an|stiften j-n zu D 15
'an|stimmen A 10
'an|stoßen A; v/i
(sein) 44, 25
'an|streichen A 38, 25
'an|strengen A; sich
(A) ~ 10
'an|treffen A 34, 26
'an|treiben A; v/i
(sein) 39, 25
'an|treten A; v/i
(sein) 39, 26
'an|tun j-m etw.; sich
(D) etw. ~ 41, 26
antworten j-m; auf
etw. 15
'an|vertrauen j-m etw. 10
'an|weisen j-m etw.;
j-n ..., zu + Inf. 39, 25
'an|wenden A 45
'an|werben j-n 34, 26
'an|zahlen A 10
'an|zeigen A (wegen G) 10
'an|zetteln A 18
'an|ziehen A; sich
(A) ~ 40, 26
'an|zünden A 15

be'sprechen A 34, 26
bessern A; sich (A) ~ 19
be'stärken j-n in D 6
be'stätigen j-m etw.;
sich (A) ~ 6
be'statten A 15
be'staunen A 6
be'stechen A; v/i 34, 26
be'stehen aus D; auf
D (A) 37, 26
be'stellen A bei D;
j-n zu D 6
be'stimmen A 6
be'strafen j-n für A 6
be'streichen A 38, 21
be'streiken A 6
be'streiten A 38, 21
be'suchen A 6
be'tätigen A; sich
(A) ~ 6
be'täuben A 6
be'teiligen j-n
(od. sich) an D 6
beten v/i zu D; für A 15
be'tonen A 6
be'trachten A (als A) 15
be'tragen v/i (A); sich
(A) ~ 43, 26
be'treffen A 34, 26
be'treiben A 39, 21
be'treten A 44, 26
be'treuen A 6
be'trinken: sich
(A) ~ 36, 26
betrog, betröge, betrogen
s. betrügen
be'trügen j-n (um A) 41, 26
betteln v/i um A 18
beugen A; sich ~ D
(vor D) 6
be'unruhigen A (a. sich) 6
be'urlauben A 6
be'urteilen A 6
be'völkern A 19
be'vollmächtigen j-n 6
be'vorzugen A 6
be'wachen A 6
be'waffnen A (a. sich)
mit D 19
be'wahren A; j-n vor D 6

be'währen: sich (A) in,
bei D 14
be'wältigen A 6
be'wegen¹ A; sich
(A) ~ 6
be'wegen² j-n zu D 37, 26
be'weisen j-m etw. 39, 21
be'werben: sich (A) ~
um A 34, 26
be'werten A 15
be'willigen j-m etw. 6
be'wirken A 6
be'wirten j-n 15
bewog, bewöge
s. bewegen²
be'wohnen A 6
be'wölken: sich (A) ~
mit D 14
be'wundern A wegen G 19
be'zahlen A; j-n für A 6
be'zeichnen A (als A) 19
be'zichtigen j-n – G 6
be'ziehen A; sich
(A) ~ auf A 39, 26
be'zwecken A 6
be'zweifeln A 18
be'zwingen A 36, 26
biegen A; v/i (sein)
um A 39, 26
bieten j-m etw.; sich
(A) j-m ~ 40, 26
bilden A 15
billigen A 6
binden etw. (an A) 35, 26
birg, birgt s. bergen
birst s. bersten
biß s. beißen
bitten j-n um A 36, 26
blasen v/i; A 42, 21
bläst s. blasen
bleiben v/i (sein)
bei D 39, 21
bleichen v/i (sein); A 37, 21
blenden A 15
blich s. bleichen
blicken v/i 6
blieb s. bleiben
blies s. blasen
blinken v/i 6

blinzeln v/i 18
blitzen v/i 17
blockieren A 20
blühen v/i 6
bluten v/i 15
bog, böge s. biegen
bohnern A 19
bohren A 6
borgen j-m (od. sich)
etw. 6
bot, böte s. bieten
boxen (gegen) j-n 17
boykottieren A 20
brach, bräche
s. brechen
brachte, brächte
s. brechen
brannte s. brennen
brät s. braten
braten A; v/i 42, 21
brauchen A; nicht ~
zu + Inf. 6
brausen v/i; sich
(A) ~; v/i (→ sein) 16
brechen A; v/i (sein);
sich (A) etw. ~ 34, 26
bremsen v/i; A 16
brennen v/i; A 45
brich s. brechen
briet s. braten
bringen j-m etw.; j-m
um etw.; A zu D 45
brüllen v/i 6
brüsten: sich (A) ~
mit D 15
brüten v/i (über D) 15
buchen A 6
buchstabieren A 20
bücken: sich (A) 14
bügeln A 18
buk, büke s. backen
bummeln v/i
(gehen: sein) 18
bürgen für A 6
bürsten v/i; A 15
büßen A mit D; für A 17

C

charakterisieren A 20
chartern A 19

52

fußen auf *D* 17
füttern *A* mit *D* 19

# G

gab, gäbe *s.* geben
gähnen *v/i* (vor *D*) 6
galt, gelte *s.* gelten
garantieren j-m etw.;
    für *A* 20
gären *v/i* (sein *u.* h.) 36, 21
gebar, gebäre
    *s.* gebären
gebärden: sich *(A)* ~ 15
gebären *A* 34, 21
geben j-m etw. 44, 26
gebeten *s.* bitten
gebier *s.* gebären
gebieten j-m etw.
    (*P.P.* geboten) 40, 26
gebissen *s.* beißen
geblichen *s.* bleichen
geblieben *s.* bleiben
gebogen *s.* biegen
geboren *s.* gebären
geborgen *s.* bergen
geborsten *s.* bersten
geboten *s.* bieten
gebracht *s.* bringen
gebrannt *s.* brennen
gebrauchen *A* zu *D*
    (*P.P.* gebraucht) 6
gebrochen *s.* brechen
gebühren *D*
    (*P.P.* gebührt) 6
gebunden *s.* binden
gedacht *s.* denken
gedeihen *v/i* (sein) 39, 21
gedenken *G*
    (*P.P.* gedacht) 45
gedeucht *s.* dünken
gedieh, gediehen
    *s.* gedeihen
gedroschen *s.* dreschen
gedrungen *s.* dringen
gedulden: sich *(A)* ~
    (*P.P.* geduldet) 15
gedungen *s.* dingen
gedurft *s.* dürfen
gefährden *A*
    (*P.P.* gefährdet) 15

gefallen *D*
    (*P.P.* gefallen) 42, 21
geflochten *s.* flechten
geflogen *s.* fliegen
geflohen *s.* fliehen
geflossen *s.* fließen
gefochten *s.* fechten
gefrieren *v/i* (sein)
    (*P.P.* gefroren) 40, 26
gefroren *s.* gefrieren
gefunden *s.* finden
gegangen *s.* gehen
geglichen *s.* gleichen
geglitten *s.* gleiten
geglommen *s.* glimmen
gegolten *s.* gelten
gegoren *s.* gären
gegossen *s.* gießen
gegriffen *s.* greifen
gehen *v/i* (sein); es geht
    mir (gut *usw.*); es
    geht um *A* 21
gehoben *s.* heben
geholfen *s.* helfen
gehorchen *D* 6
gehören *D;* zu *D* 6
geizen mit *D* 17
gekannt *s.* kennen
geklommen *s.* klimmen
geklungen *s.* klingen
gekniffen *s.* kneifen
gekonnt *s.* können
gekrochen *s.* kriechen
gelang, gelänge
    *s.* gelingen
gelangen *v/i* (sein) (zu
    *D*) (*P.P.* gelangt) 12
gelegen *s.* liegen
geleiten j-n 15
geliehen *s.* leihen
gelingen *v/i* (sein); es
    gelingt mir 35, 26
gelitten *s.* leiden
geloben j-m etw.
    (*P.P.* gelobt) 6
gelogen *s.* lügen
gelten *v/i* 34, 26
gelungen *s.* gelingen
gemieden *s.* meiden
gemocht *s.* mögen

gemolken *s.* melken
gemußt *s.* müssen
genannt *s.* nennen
genas, genäse *s.* genesen
genehmigen *A*
    (*P.P.* genehmigt) 6
genesen *v/i* (sein) 44, 26
genießen *A* 40, 26
genommen *s.* nehmen
genoß, genösse, genossen
    *s.* genießen
genügen *D*
    (*P.P.* genügt) 6
gepfiffen *s.* pfeifen
gepflogen *s.* pflegen
gepriesen *s.* preisen
gequollen *s.* quellen
gerannt *s.* rennen
geraten *v/i* (sein) *(oft*
    in *A)* (*P.P.* geraten)42, 21
gerben *A* 6
gerieben *s.* reiben
gerinnen *v/i* (sein)
    (*P.P.* geronnen) 35, 26
gerissen *s.* reißen
geritten *s.* reiten
gerochen *s.* riechen
geronnen *s.* gerinnen
gerungen *s.* ringen
gesandt *s.* senden
geschah, geschähe
    *s.* geschehen
geschehen *v/i* (sein);
    es geschieht
    *(mir recht)* 44, 26
geschieden *s.* scheiden
geschieht *s.* geschehen
geschienen *s.* scheinen
geschissen *s.* scheißen
geschlichen *s.* schleichen
geschliffen *s.* schleifen
geschlissen *s.* schleißen
geschlossen *s.* schließen
geschlungen *s.* schlingen
geschmissen *s.* schmeißen
geschmolzen *s.* schmelzen
geschnitten *s.* schneiden
geschnoben *s.* schnauben
geschoben *s.* schieben
gescholten *s.* schelten

geschoren *s.* scheren
geschossen *s.* schießen
geschrieben *s.* schreiben
geschrie(e)n *s.* schreien
geschritten *s.* schreiten
geschunden *s.* schinden
geschwiegen *s.* schweigen
geschwollen *s.* schwellen
geschwommen
  *s.* schwimmen
geschworen *s.* schwören
geschwunden *s.* schwinden
geschwungen *s.* schwingen
gesessen *s.* sitzen
gesoffen *s.* saufen
gesogen *s.* saugen
gesonnen *s.* sinnen
gesotten *s.* sieden
gespie(e)n *s.* speien
gesponnen *s.* spinnen
gesprochen *s.* sprechen
gesprossen *s.* sprießen
gesprungen *s.* springen
gestalten *A;* sich *(A)* ~ 15
gestanden *s.* stehen
gestatten j-m etw. 15
gestehen (j-m) etw.
  (*P.P.* gestanden) 37, 26
gestiegen *s.* steigen
gestoben *s.* stieben
gestochen *s.* stechen
gestohlen *s.* stehlen
gestorben *s.* sterben
gestoßen *s.* stoßen
gestrichen *s.* streichen
gestritten *s.* streiten
gestunken *s.* stinken
gesungen *s.* singen
gesunken *s.* sinken
getan *s.* tun
getrieben *s.* treiben
getroffen *s.* treffen
getragen *s.* tragen
getrunken *s.* trinken
gewähren j-m etw.
  (*P.P.* gewährt) 6
gewährleisten *A*
  (*P.P.* gewährleistet) 15
gewandt *s.* wenden

gewann, gewänne
  *s.* gewinnen
gewesen *s.* sein
gewichen *s.* weichen
gewiesen *s.* weisen
gewinnen *A* 35, 26
gewoben *s.* weben
gewogen *s.* wiegen[1]
gewöhnen: sich *(A)* ~
  an *A* 14
gewonnen, gewönne
  *s.* gewinnen
geworben *s.* werben
geworden *s.* werden
geworfen *s.* werfen
gewunden *s.* winden
gewußt *s.* wissen
geziehen *s.* zeihen
gezogen *s.* ziehen
gezwungen *s.* zwingen
gib, gibt *s.* geben
gießen *A* in *A; a. v/i*
  (= *regnen*) 40, 26
gilt *s.* gelten
ging *s.* gehen
gipfeln *v/i* in *D* 18
glänzen *v/i* (vor *D*) 17
glätten *A;* sich *(A)* ~ 15
glauben j-m; etw.;
  an *A* 6
gleichen *D* 37, 21
gleiten *v/i* (sein) 38, 21
glich *s.* gleichen
gliedern *A* in *A* 19
glimmen *v/i* 41, 26
glitt *s.* gleiten
glomm, glömme
  *s.* glimmen
glücken *D* (sein) 6
glühen *v/i* (vor *D*) 6
gölte *s.* gelten
gönnen j-m etw. 6
gor, göre *s.* gären
goß, gösse *s.* gießen
graben *A;* nach *D* 42, 26
gräbt *s.* graben
grämen: sich *(A)* ~
  über *A* 14
grasen *v/i* 16
gratulieren j-m zu *D* 20

grausen: mir *od.* mich
  graust; sich *(A)* ~
  vor *D* 6, 16
greifen *A;* nach *D;*
  in *D* 38, 21
griff *s.* greifen
grenzen an *A* 17
grollen *D* 6
grub, grübe *s.* graben
grübeln über *A* 18
gründen *A;* sich *(A)* ~
  auf *A* 15
grünen *v/i* 6
gruppieren *A;* sich
  *(A)* ~ um *A* 20
grüßen j-n von *D* 17
gucken *v/i* 6
gurgeln *v/i* 18
'gut|heißen *A* 44, 25
'gut|schreiben j-m
  etw. 39, 25
'gut|tun *D* 41, 26

## H

haben 28
habilitieren j-n; sich
  *(A)* ~ 20
haften *v/i* an, auf *D;*
  *fig.* für *A* 15
hageln *v/i* 18
häkeln *A* 18
half, hälfe *s.* helfen
hallen *v/i* 6
hält *s.* halten
halten *A;* sich *(A)* ~
  an *D* 42, 21
hämmern *v/i* 19
hamstern *A* 19
handeln *v/i;* mit *D;* es
  handelt sich um *A* 18
'handhaben *A*
  (*P.P.* gehandhabt) 6
hängen *v/i* an *D* 35, 21
hängen *A* an *A* 6
hapern; es hapert an *D* 19
harren auf *A; G* 6
hassen *A* 17
hasten *v/i* (sein) 15
hätscheln j-n 18
hauen *A* 43, 21

häufen *A;* sich *(A)* ∼ 6
hausen *v/i* 16
**heben** *A* 37, 26
heften *A* an *A* 15
hegen *A* 6
heilen *A* 6
'heim|**fahren** *v/i*
(sein) 42, 26
'heim|kehren *v/i* (sein) 10
'heim|zahlen j-m etw. 10
heiraten j-n 15
**heißen** *N* 44, 21
heizen *A* 17
**helfen** *D* 34, 26
hemmen *A* 6
he'ran|**fahren** *v/i*
(sein) 42, 26
he'rauf|**beschwören**
*A* 41, 25
he'raus|fordern j-n
zu *D* 19
he'raus|**geben** *A;* j-m
etw. (*od.* auf etw.) 44, 26
he'raus|stellen *A;* sich
*(A)* ∼ 10
he'rein|**fallen** *v/i;*
auf *A* (sein) 42, 25
he'rein|**kommen** *v/i*
(sein) 44, 26
'her|**geben** *A* 44, 26
herrschen *v/i* über *A* 6
'her|schicken (j-m) etw. 10
'her|stellen *A* 10
he'rüber|**kommen** *v/i*
(sein) 44, 26
he'rum|**gehen** *v/i* (sein)
um *A* 35, 25
he'rum|**kommen** *v/i*
(sein) (um *A*) 44, 26
he'rum|**treiben:** sich
*(A)* ∼ 39, 25
her'vor|**bringen** *A* 45
her'vor|**gehen** *v/i* (sein)
aus *D* 35, 25
her'vor|**heben** *A* 37, 26
her'vor|**rufen** *A* 25
her'vor|**treten** *v/i* (sein)
mit *D* 44, 26
hetzen *A; v/i* 17
heucheln *A* 18

heulen *v/i* 6
hexen *v/i* 17
**hieb** *s.* hauen
**hielt** *s.* halten
**hieß** *s.* heißen
**hilf** *s.* helfen
hi'naus|**fahren** *v/i*
(sein) 42, 26
hi'naus|**gehen** *v/i*
(sein) 35, 25
hi'naus|**werfen** *v/i*
(aus *D*) 35, 26
hi'naus|zögern *A* 19
hindern j-n an *D* 19
hi'nein|legen j-n 10
'hin|**fallen** *v/i* (sein) 42, 25
'hin|**führen** *A* 10
**hing** *s.* hängen
'hin|**geben** etw. für *A;*
sich *(A)* ∼ *D* 44, 26
'hin|**halten** *A* 42, 25
hinken *v/i* (→ sein) 6
'hin|**kommen** *v/i*
(sein) 44, 26
'hin|**kriegen** *A* 10
'hin|legen *A;* sich *(A)* ∼ 10
'hin|**nehmen** *A* 26
'hin|richten j-n 15
hinter'**bringen** *A* 45
hinter'**gehen** j-n 35, 21
hinter'**lassen** j-m
etw. 42, 21
hinter'legen etw.
(bei *D*) 6
hinter'**treiben** *A* 39, 21
hin'weg|setzen: sich
*(A)* ∼ über *A* 17
'hin|**weisen** j-n auf *A* 39, 25
hin'zu|fügen *A* – *D* 10
hissen *A* 17
**hob** *s.* heben
hobeln *A* 18
'hoch|**heben** *A* 37, 26
'hoch|**reißen** *A* 38, 25
hocken *v/i;* sich *(A)* ∼ 6
hoffen *A od.* auf *A* 6
holen *A* 6
holpern *v/i* (sein) *mst.*
über *A* 19
hopsen *v/i* (sein) 16

horchen *v/i* 6
hören *A;* auf j-n 6
horten *A* 15
**hülfe** *s.* helfen
hungern *v/i;* mich
hungert 19
hupen *v/i* 6
hüpfen *v/i* (sein) 6
huschen *v/i* (sein) 6
hüsteln *v/i* 18
husten *v/i* 15
hüten *A;* sich *(A)* ∼
vor *D* 15

## I

identifizieren: sich
*(A)* ∼ mit *D* 20
ignorieren *A* 20
imitieren *A* 20
impfen *A* 6
imponieren *D* 20
importieren *A* 20
informieren *A* (*a.* sich)
über *A* 20
'inne|**haben** *A* 29
inspirieren j-n zu *D* 20
inszenieren *A* 20
integrieren *A* 20
interessieren *A;* sich
*(A)* ∼ für *A* 20
intervenieren *v/i* 20
interviewen j-n 6
investieren *A* in *A* 20
'irre|führen *A* 10
irren: sich *(A)* ∼ in *D* 14
**iß, issest** *s.* essen

## J

jagen *A,* nach *D; v/i*
(*fahren:* sein) 6
jammern über *A* 19
jauchzen *v/i* über *A,*
vor *D* 17
johlen *v/i* 6
jubeln *v/i* über *A,*
vor *D* 18
jucken *v/i;* sich *(A)* ∼ 6

## K

kalkulieren *A; v/i* 20
**kam, käme** *s.* kommen

| | | |
|---|---|---|
| 'nach\|denken über *A* | 45 | |
| 'nach\|empfinden (j-m) etw. (*P.P* 'nach-empfunden) | 35, 26 | |
| 'nach\|forschen *v/i* | 10 | |
| 'nach\|fragen *v/i* | 10 | |
| 'nach\|geben *D* | 44, 26 | |
| 'nach\|gehen *v/i* (sein); *D* | 35, 25 | |
| 'nach\|holen *A* | 10 | |
| 'nach\|lassen *v/i; A* | 42, 25 | |
| 'nach\|machen *A* | 10 | |
| 'nach\|prüfen *A* | 10 | |
| 'nach\|schauen *v/i D; A* | 10 | |
| 'nach\|schlagen *A* | 43, 26 | |
| 'nach\|sehen *v/i D; A;* j-m etw. | 44, 26 | |
| 'nach\|senden j-m etw. | 45 | |
| 'nach\|stehen j-m an *D* | 37, 26 | |
| 'nach\|stellen j-m; *A* | 10 | |
| 'nach\|trauern *D* | 19 | |
| 'nach\|vollziehen *A* (*P.P.* 'nach-vollzogen) | 40, 26 | |
| 'nach\|weisen *A* | 39, 25 | |
| 'nach\|zahlen *A* | 10 | |
| nagen *A* von *D;* an *D* | 6 | |
| 'nahe\|legen j-m etw. | 10 | |
| nähen *A* | 6 | |
| 'näher\|kommen *D* | 44, 26 | |
| nähern: sich *(A)* ~ *D* | 19 | |
| **nahm, nähme** *s.* nehmen | | |
| nähren *A;* sich *(A)* ~ von *D* | 6 | |
| **nannte** *s.* nennen | | |
| necken j-n | 6 | |
| **nehmen** etw. | 26 | |
| neiden j-m etw. | 15 | |
| neigen *A;* zu *D* | 6 | |
| **nennen** *A* | 45 | |
| nicken *v/i* | 6 | |
| 'nieder\|lassen *A;* sich *(A)* ~ | 42, 25 | |
| 'nieder\|schlagen *A;* sich *(A)* ~ | 43, 26 | |
| nieseln *v/i* | 18 | |
| niesen *v/i* | 16 | |
| **nimm, nimmt** *s.* nehmen | | |
| nippen *v/i* von *D* | 6 | |

| | | |
|---|---|---|
| nominieren *A* | 20 | |
| nörgeln *v/i* an *D* | 18 | |
| notieren *A* | 20 | |
| nötigen j-n zu *D* | 6 | |
| numerieren *A* | 20 | |
| nutzen etw.; j-m | 17 | |
| nützen etw.; j-m | 17 | |

**O**

| | | |
|---|---|---|
| offenbaren (j-m) etw. | 6 | |
| öffnen (j-m) etw. | 19 | |
| ohrfeigen j-n | 6 | |
| ölen *A* | 6 | |
| opfern *A* für *A; D;* sich *(A)* ~ für *A* | 19 | |
| ordnen *A* | 19 | |
| orientieren j-n über *A;* sich *(A)* ~ über *A;* an *D* | 20 | |

**P**

| | | |
|---|---|---|
| paaren *A;* sich *(A)* ~ | 6 | |
| pachten *A* | 15 | |
| packen *A* (an *D*) | 6 | |
| panzern *A* | 19 | |
| parieren *v/i* (j-m); etw. | 20 | |
| parken *v/i* | 6 | |
| passen *D* | 17 | |
| passieren *v/i* (sein), mir ist ... passiert; *A* | 20 | |
| pendeln *v/i* (an *D;* hin und her ~) (sein) | 18 | |
| pfänden *A* | 15 | |
| pfeffern | 19 | |
| **pfeifen** *v/i* (*eine Melodie*) | 38, 21 | |
| **pfiff** *s.* pfeifen | | |
| pflanzen *A* | 17 | |
| pflastern *A* | 19 | |
| **pflegen** *A;*+ zu + *Inf.* | 37, 26 | |
| **pflog** *s.* pflegen | | |
| pflücken *A* | 6 | |
| pflügen *A* | 6 | |
| pfuschen *v/i* | 6 | |
| photographieren *A* | 20 | |
| 'piesacken j-n | 6 | |
| piken *A* | 6 | |
| pilgern *v/i* (sein) | 19 | |
| plädieren für *A* | 20 | |
| plagen j-n; sich *(A)* ~ | 6 | |

| | | |
|---|---|---|
| planen *A* | 6 | |
| planschen *v/i* | 6 | |
| plappern *v/i* | 19 | |
| plätten *A* | 15 | |
| platzen *v/i* (sein) | 17 | |
| plaudern mit j-m über *A* | 19 | |
| plündern *A* | 19 | |
| pochen auf *A* | 6 | |
| polstern *A* | 19 | |
| prahlen mit *D* | 6 | |
| praktizieren *v/i; A* | 20 | |
| präsentieren j-m etw. | 20 | |
| prassen *v/i* | 17 | |
| predigen über *A;* j-m etw. | 6 | |
| **preisen** *A* | 39, 21 | |
| preis\|geben *A* | 44, 26 | |
| prellen j-n um *A;* sich *(D)* etw. ~ | 6 | |
| pressen *A* | 17 | |
| **pries** *s.* preisen | | |
| proben *A; v/i* | 6 | |
| probieren *A* | 20 | |
| produzieren *A; v/i* | 20 | |
| profitieren von *D* | 20 | |
| projizieren etw. auf *A* | 20 | |
| prophezeien (j-m) etw. | 6 | |
| protestieren gegen *A* | 20 | |
| protzen mit *D* | 17 | |
| prozessieren gegen *A* | 20 | |
| prüfen *A* | 6 | |
| prügeln *A;* sich *(A)* ~ mit *D* | 18 | |
| pudern *A* (*a.* sich) | 19 | |
| pulsieren *v/i* | 20 | |
| pumpen *A;* j-m (*a.* sich) etw. | 6 | |
| pusten *v/i; A* | 15 | |
| putschen *v/i* | 6 | |
| putzen *A* | 17 | |

**Q**

| | | |
|---|---|---|
| quälen j-n (*a.* sich) | 6 | |
| qualifizieren: sich *(A)* ~ (durch *A* für *A*) | 20 | |
| qualmen *v/i (A)* | 6 | |
| quatschen *v/i (A)* | 6 | |
| **quellen**[1] *v/i* (sein) | 37, 26 | |
| **quellen**[2] *A* | 6 | |

65

# V

ver'abreden: sich *(A)* ~
  mit *D* — 15
ver'abscheuen *A* — 6
ver'abschieden: sich
  *(A)* ~ von *D* — 15
verachten *A* — 15
verallgemeinern *A* — 19
ver'alten *v/i* (sein) — 15
ver'ändern *A* — 19
ver'anlassen *A* — 17
ver'anstalten *A* — 15
ver'antworten *A* — 15
ver'ärgern *A* — 19
ver'arzten *A* — 15
ver'ausgaben *A* (*a.* sich) — 6
ver'äußern *A* — 19
ver'bannen *A* (aus *D*) — 6
ver'bauen *A* — 6
ver'**bergen** etw.
  vor *D* — 35, 26
ver'bessern *A* — 19
ver'beugen: sich
  *(A)* ~ vor *D* — 14
ver'**bieten** j-m etw. — 40, 26
ver'**binden** *A* mit *D* — 35, 26
ver'**bitten**: sich
  *(D)* ~ *A* — 36, 26
ver'blassen *v/i* (sein) — 17
ver'**bleiben** *v/i* (sein) — 39, 21
ver'blüffen *A* — 6
ver'blühen *v/i* (sein) — 12
ver'bluten *v/i* (sein) — 15
ver'brauchen *A* — 6
ver'**brechen** *A* — 34, 26
ver'breiten *A* (*a.* sich) — 15
ver'**brennen** *A*; *v/i*
  (sein) — 45
ver'**bringen** *A* — 45
ver'bünden: sich
  *(A)* ~ mit *D* — 15
ver'dächtigen j-n *G* — 6
ver'danken j-m etw. — 6
ver'darb *s.* verderben
ver'dauen *A* — 6
ver'denken j-m etw. — 45
ver'**derben** j-m (*od.* sich)
  etw.; *v/i* (sein) — 34, 26
ver'deutschen j-m etw. — 6

ver'dienen *A* — 6
ver**dirb** *s.* verderben
ver'doppeln *A* — 18
ver**dorben** *s.* verderben
ver'drängen *A* aus *D* — 6
ver'**drießen**: es ver-
  drießt mich — 41, 26
ver**droß, verdrösse**
  *s.* verdrießen
ver**drossen** *s.* verdrießen
ver'dunkeln *A* — 18
ver**dürbe** *s.* verderben
ver'ehren *A* — 6
ver'eidigen j-n (auf *A*) — 6
ver'einbaren etw. mit
  j-m — 6
ver'einen *A* — 6
ver'einfachen *A* — 6
ver'einigen *A*; sich
  *(A)* ~ mit *D* — 6
ver'eiteln *A* — 18
ver'enden *v/i* (sein) — 15
ver'erben j-m etw. — 6
ver'**fahren** *v/i* (sein)
  mit *D*, gegen *A*; *A* — 42, 26
ver'**fallen** *v/i* (sein)
  (in *A*) — 42, 21
ver'fälschen *A* — 6
ver'fassen *A* — 17
ver'fehlen *A* — 6
ver'filmen *A* — 6
ver'fluchen *A* — 6
ver'flüchtigen *A*; sich
  *(A)* ~ — 6
ver'folgen *A* — 6
ver'fügen *A*; über *A* — 6
ver'führen j-n zu *D* — 6
ver**gaß, vergäße**
  *s.* vergessen
ver'**geben** j-m etw.; *A*;
  *D* (*od.* sich) etw. — 44, 26
ver'gegenwärtigen: sich
  *(D)* ~ *A* — 14
ver'**gehen** *v/i* (sein); sich
  *(A)* ~ gegen *A* — 35, 21
ver'**gelten** *A* mit *D*;
  j-m etw. — 34, 26
ver'**gessen** *A* — 43, 26
ver'geuden *A* — 15

ver**giß, vergißt**
  *s.* vergessen
ver'**gleichen** etw.
  mit *D* — 37, 21
ver'größern *A* — 19
ver'güten j-m etw. — 15
ver'haften *A* — 15
ver'**halten** *A*; sich
  *(A)* ~ — 42, 21
ver'handeln mit j-m
  über *A* — 18
ver'heiraten j-n
  (*od.* sich) mit *D* — 15
ver'**helfen** j-m zu *D* — 34, 26
ver'hindern *A* — 19
ver'hören *A*; sich
  *(A)* ~ — 6
ver'hungern *v/i* (sein) — 19
ver'hüten *A* — 15
ver'irren: sich *(A)* ~ — 14
ver'jüngen *A*; sich
  *(A)* ~ — 6
ver'kaufen j-m etw. — 6
ver'kehren *v/i* mit *D*;
  *A* (in *A*) — 6
ver'**kennen** *A* — 45
ver'kleiden *A* (*a.* sich) — 15
ver'kleinern *A* (*a.* sich) — 19
ver'**kommen** *v/i*
  (sein) — 44, 26
ver'körpern *A* — 19
ver'kraften *A* — 15
ver'kümmern *v/i* (sein) — 19
ver'künden *A* — 15
ver'kürzen *A* — 17
ver'**laden** *A* — 42, 26
ver'lagern *A* — 19
ver'langen von j-m etw. — 6
ver'**lassen** *A*; sich
  *(A)* ~ auf *A* — 42, 21
ver'**laufen** *v/i* (sein);
  sich *(A)* ~ — 43, 21
ver'leben *A* — 6
ver'legen *A*; sich
  *(A)* ~ auf *A* — 6
ver'**leihen** j-m etw. — 39, 21
ver'lernen *A* — 6
ver'letzen *A*; sich
  *(A)* ~ — 17
ver'leugnen *A* — 19

ver'leumden j-n 15
ver'lieben: sich *(A)* ~
  in *A* 14
**ver'lieren** *A* 40, 26
ver'loben: sich *(A)* ~ 6
**verlor, verlöre** s. verlieren
**verloren** s. verlieren
ver'loren|**gehen** *v/i*
  (sein) 35, 25
ver'**löschen** *v/i* (sein) 41, 21
ver'losen *A* 16
ver'mehren *A* (*a.* sich) 6
ver'**meiden** *A* 39, 21
ver'**merken** *A* 6
ver'mieten j-m
  (*od.* an j-n) etw. 15
ver'mindern *A* (*a.* sich) 19
ver'missen *A* 17
ver'mitteln j-m etw. 18
ver'**mögen** *A od.*
  *Inf.* + zu 32
ver'muten *A* 15
ver'nachlässigen *A* 6
ver'**nehmen** *A* 26
ver'neinen *A* 6
ver'nichten *A* 15
ver'öffentlichen *A* 6
ver'ordnen j-m etw. 19
ver'packen *A* 6
ver'passen *A* 17
ver'pflegen j-n 6
ver'pflichten j-n *od.*
  sich *(A)* ~ zu *D* 15
ver'prügeln j-n 18
ver'**raten** j-m etw. 42, 21
ver'rechnen *A* mit *D;*
  sich *(A)* ~ 19
ver'reisen *v/i* (sein) 16
ver'richten *A* 15
ver'ringern *A* 19
ver'rosten *v/i* (sein) 15
ver'sagen j-m (*od.* sich)
  etw.; *v/i* 6
ver'sammeln *A;* sich
  *(A)* ~ 18
ver'säumen *A* 6
ver'schaffen j-m
  (*od.* sich) etw. 6
ver'schärfen *A;* sich
  *(A)* ~ 6

ver'schenken *A;* sich
  *(A)* ~ 6
ver'scheuchen *A* 6
ver'schicken *A* 6
ver'**schlafen** *A* 42, 21
ver'schlechtern *A;* sich
  *(A)* ~ 19
ver'schleiern *A;* sich
  *(A)* ~ 19
ver'**schließen** *A;* sich
  *(A)* ~ *D* 40, 26
ver'schlimmern *A;* sich
  *(A)* ~ 19
ver'**schlingen** *A* 36, 26
ver'schlucken *A;* sich
  *(A)* ~ 6
ver'schonen j-n (mit *D*) 6
ver'**schreiben** j-m etw.;
  sich *(A)* ~ 39, 21
ver'schulden *A* 15
**verschwand, verschwände**
  *s.* verschwinden
ver'**schweigen** *A* 39, 21
ver'schwenden *A* (an *A*) 15
ver'**schwinden** *v/i*
  (sein) 35, 26
ver'**schwören:** sich
  *(A)* ~ gegen *(A)* 41, 26
**verschwunden**
  *s.* verschwinden
ver'**sehen** *A* mit *D* 44, 26
ver'setzen *A;* j-m etw. 17
ver'sichern j-m *A;* sich
  *(A)* ~ *G;* gegen *A* 19
ver'söhnen *A;* sich *(A)*
  ~ mit *D* 6
ver'sorgen j-n (mit *D*) 6
ver'späten: sich *(A)* ~ 15
ver'sperren j-m etw. 6
ver'spotten *A* 15
ver'**sprechen** j-m etw. 34, 26
ver'ständigen j-n über
  *A;* sich *(A)* ~ mit *D* 6
ver'stärken *A* (*a.* sich) 6
ver'stecken etw. vor *D* 6
ver'**stehen** *A* unter *D;*
  von *D;* sich *(A)* ~
  mit *D* 37, 26
ver'stopfen *A* 6
ver'**stoßen** gegen *A* 44, 21

ver'**stummen** *v/i* (sein) 1
ver'suchen *A*
ver'**tagen** *A*
ver'teidigen *A;* sich
  *(A)* ~ gegen *A*
ver'teilen *A* (an *A*)
ver'tiefen *A*
ver'**tragen** *A;* sich
  *(A)* ~ mit *D* 43, 2
ver'trauen *D,* auf *A*
ver'**treiben** *A* 39, 2
ver'**treten** *A* 44, 2
ver'unglücken *v/i* (sein) 1
ver'unstalten *A* 1
ver'ursachen *A*
ver'urteilen j-n zu
  *D; A*
ver'vielfältigen *A*
ver'vollkommnen *A;*
  sich *(A)* ~ in *D* 1
ver'vollständigen *A*
ver'**wachsen** *v/i* (sein);
  sich *(A)* ~ 43, 2
ver'wahren *A;* sich
  *(A)* ~ gegen *(A)*
ver'wahrlosen *v/i* (sein) 1
ver'walten *A* 1
ver'wandeln (sich *A*)
  in *A* 1
ver'wechseln etw. mit *D* 1
ver'weigern j-m etw. 1
ver'weisen j-n an, auf
  *A;* j-m etw.; j-n
  von *D* 39, 2
ver'welken *v/i* (sein)
ver'**wenden** *A;* sich
  *(A)* ~ für *A* 4
ver'**werfen** *A* 35, 2
ver'werten *A* 1
ver'wickeln j-n in *A* 1
ver'wirklichen *A*
ver'wirren *A*
ver'wischen *A*
ver'wittern *v/i* (sein) 1
ver'wöhnen j-n
ver'wunden *A* 1
ver'wünschen *A*
ver'wüsten *A*
ver'zagen *v/i* (sein)
ver'zaubern j-n in *A*